我们的新时代

陈顺成◎编著

延邊大學出版社

图书在版编目（CIP）数据

我们的新时代 / 陈顺成编著. -- 延吉 : 延边大学出版社，2023.7
ISBN 978-7-230-05210-8

Ⅰ. ①我… Ⅱ. ①陈… Ⅲ. ①中共二十大（2022）—学习参考资料 Ⅳ. ① D229

中国国家版本馆 CIP 数据核字（2023）第 130679 号

我们的新时代

编　　著：陈顺成
策划编辑：朱秋梅
责任编辑：王　丹
助理编辑：金倩倩　魏琳琳
封面设计：姬　玲
出版发行：延边大学出版社
社　　址：吉林省延吉市公园路 977 号　　邮　　编：133002
网　　址：http://www.ydcbs.com　　E - mail：ydcbs@ydcbs.com
电　　话：0433-2732435　　传　　真：0433-2732434
发行电话：0433-2733056
印　　刷：吉林省科普印刷有限公司
开　　本：787 毫米 ×1092 毫米　1/16
字　　数：212 千字
印　　张：20.75
版　　次：2023 年 7 月第 1 版
印　　次：2023 年 7 月第 1 次印刷
书　　号：ISBN 978-7-230-05210-8

定　　价：78.00 元

参编人员

（排名不分先后）

田雪凌　刘淑宇　吴　頔
徐　薇　白　雪　张　波

向着第二个百年奋斗目标，前进！
（代前言）

历经百年奋斗的中国共产党，矢志复兴伟业的中华民族，再次迎来举世瞩目的历史性时刻——

北京，天安门广场。上午9时许，参加中国共产党第二十次全国代表大会的2300多名代表和特邀代表，陆续从首都北京各驻地汇聚而来。

肩负9600多万名党员的信任重托、承载14亿多人民的殷切期待，代表们拾级而上，步履矫健、坚定从容。

他们眼里，饱含深沉的自信、自立、自强——回首来路，第一个百年奋斗目标成功实现，中华民族伟大复兴进入不可逆转的历史进程，何其不易、何其恢宏！

他们胸中，充盈坚毅的志气、骨气、底气——瞻望前方，全面建设社会主义现代化国家开局起步，复兴伟业擘画蓝图，何其豪迈、何其壮阔！

历史长河奔腾不息，紧要处往往只有几步。党的二十大，正处于这样关键的历史关口——

在进入全面建设社会主义现代化国家新征程的关键时刻，大会将科学谋划未来五年乃至更长时期党和国家事业发展的目标任务和大政方针，事关党和国家事业继往开来，事关中国特色社会主义前途命运，事关中华民族伟大复兴。

历史性的抵达，意味着又一次历史性的出发。

15 名代表走上“党代表通道”，讲述建功新时代、奋进新征程的心路历程，展示新时代中国共产党人的风采担当。

万人大礼堂内，气氛庄重热烈。主席台上金色的党徽与鲜艳的红旗相映生辉，璀璨穹顶绽放夺目光彩。

二楼和三楼眺台，“高举中国特色社会主义伟大旗帜，全面贯彻习近平新时代中国特色社会主义思想，弘扬伟大建党精神，为全面建设社会主义现代化国家、全面推进中华民族伟大复兴而团结奋斗！”“伟大、光荣、正确的中国共产党万岁！”的巨幅标语，庄重醒目、激荡人心。

时针指向上午 10 时。雄壮的国歌声响起，中国共产党第二十次全国代表大会隆重开幕！

热烈的掌声中，习近平总书记健步走向报告席，代表第十九届中央委员会，向大会作报告。

沉稳而洪亮的声音，响彻万人大礼堂，又通过电视、网络，传遍大江南北、世界各地。

党的十九大以来的五年，极不寻常、极不平凡——

“党中央统筹中华民族伟大复兴战略全局和世界百年未有之大变局，就党和国家事业发展作出重大战略部署，团结带领全党全军全国各族人民有效应对严峻复杂的国际形势和接踵而至的巨大风险挑战，以奋发有为的精神把新时代中国特色社会主义不断推向前进。”

从五年回溯新时代以来的十年，更觉豪情满怀——

“十年来，我们经历了对党和人民事业具有重大现实意义和深远历史意义的三件大事：一是迎来中国共产党成立一百周年，二是中国特色社会主义进入新时代，三是完成脱贫攻坚、全面建成小康社会的历史任务，实现第一个百年奋斗目标。”

“我们都是这三件大事的亲历者、奋斗者。”从祖国西南边陲赶来的独龙族脱贫“带头人”高德荣代表心潮澎湃：“进入新时代，独龙族实现整族脱贫，‘直过民族’一步越千年！没有习近平总书记掌舵领航的中国共产党，哪来彪炳史册的人间奇迹？”

历史的演进，犹如一曲恢宏激越的交响乐。中国特色社会主义进入新时代以来的十年，无疑是其中气贯长虹的雄浑乐章。

这是党和国家事业取得历史性成就、发生历史性变革的非凡十年——

“我们采取一系列战略性举措，推进一系列变革性实践，实现一系列突破性进展，取得一系列标志性成果，经受住了来自政治、经济、意识形态、自然界等方面的风险挑战考验”；

这是经济社会发展取得重大突破的非凡十年——

“我国经济实力实现历史性跃升”，“制造业规模、外汇储备稳居世界第一”，“载人航天、探月探火、深海深地探测、超级计算机、卫星导航、量子信息、核电技术、大飞机制造、生物医药等取得重大成果，进入创新型国家行列”；

这是人民群众享有更多民生福祉的非凡十年——

“在幼有所育、学有所教、劳有所得、病有所医、老有所养、住有所居、弱有所扶上持续用力”，“建成世界上规模最大的教育体系、社会保障体系、医疗卫生体系”；

……

心有翼，自飞云宇天际；梦无垠，当征星辰大海。

“2013年，我随神舟十号在太空航行15天；从去年到今年，我乘神舟十三号在轨驻留183天。从15天到183天，中国航天的巨大飞跃，正是我亲历的新时代伟大变革。”航天员代表王亚平动情地说。

“党和国家事业取得历史性成就、发生历史性变革，最根本的原因在于有习近平总书记作为党中央的核心、全党的核心掌舵领航，在于有习近平新时代中国特色社会主义思想科学指引。”河南兰考县委书记李明俊代表坚定地说。

历史长河行进到2022年，世界百年未有之大变局加速演进，世界之变、时代之变、历史之变的特征更加明显，我国需要应对的风险和挑战、需要解决的矛盾和问题比以往更加错综复杂。继往开来的中国共产党人，如何站在民族复兴和百年变局的制高点，应变局、育新机、开新局？

——明确“从现在起，中国共产党的中心任务就是团结带领全国各族人民全面建成社会主义现代化强国、实现第二个百年奋斗目标，以中国式现代化全面推进中华民族伟大复兴”；

——提出到2035年我国发展的总体目标，指明未来五年全面建设社会主义现代化国家主要目标任务；

……

“时代呼唤着我们，人民期待着我们，唯有矢志不渝、笃行不怠，方能不负时代、不负人民。”

如潮的掌声在人民大会堂一次又一次响起。

台上台下，家国梦想激荡交融；会内会外，党心民心同频共振。

这掌声宣示着统一的意志：坚决拥护“两个确立”，坚定做到“两个维护”，我们必将赢得更加伟大的胜利和荣光！

这掌声表达了坚定的信念：有习近平新时代中国特色社会主义思想的科学指引，我们的道路走得通、走得对、走得好！

这掌声传递出坚定的信心：以中国式现代化全面推进中华民族伟大复兴，中国发展进步的命运必将牢牢掌握在自己手中！

“党用伟大奋斗创造了百年伟业，也一定能用新的伟大奋斗创造新的伟业。”习近平总书记坚定的宣示，回荡在万人大礼堂，回荡在960多万平方公里的壮美河山，回荡在14亿多中华儿女的心田……

11时50分许，开幕会在热烈的掌声中结束。

从人民大会堂举目远眺，浓缩了煌煌5000多年中华文明的国家博物馆庄重巍然。向着民族复兴的壮阔梦想进军，中华儿女必将继续在人类的伟大时间历史中，创造中华民族的伟大历史时间！

（新华社北京2022年10月16日电　记者林晖、施雨岑、王思北、徐壮）

C 目录 ONTENTS

壹

乡村振兴

全面建设社会主义现代化国家，最艰巨最繁重的任务仍然在农村。坚持农业农村优先发展，坚持城乡融合发展，畅通城乡要素流动。加快建设农业强国，扎实推动乡村产业、人才、文化、生态、组织振兴。

返乡“新农人”，筑梦新农村

农为邦本，本固邦宁。一提到农民，我们脑海里总会出现“面朝黄土背朝天”的画面。在乡村振兴时代，农民这一传统的职业正迸发出蓬勃生机。农村这片广袤天地，出现了一个新角色——新农人。脚踏大地，逐梦起航，许多怀揣知识和梦想的新农人为了理想逆流而上，来到农村这片广阔的舞台上。他们凭借先进的科技和高水平的文化素养投身到农业中来，组建创业团队，通过科学化、系统化的管理，以承包或者其他方式进行养殖、种植等创业活动，带动农业发展迈向新台阶。新农人扎根于农业，创业于农业，成功于农业，他们已经成为新时代农业发展不可或缺的领头羊。

所谓“新农人”是相对于农人而言的，传统意义上的农人是以耕种为生的人，而新农人是以农业为职业、具有相应的专业技能、收入主要来自农业生产经营，并达到相当水平的现代农业从业者。换句话说，新农人是主动选择的“职业”，而传统的农民则是被动烙上的“身份”。随着乡村振兴的发展，高知型新农人越来越多。这让我们看到了中国现代农业的未来。

2018 年首届全国新型职业农民发展论坛发布了《2017 年全国新型职业农民发展报告》，2017 年全国新型职业农民总量已突破 1500 万人。这些新农人返乡创业不再是延续传统的农业生产模式，而是要打破“靠天吃饭”的壁垒，通过先进的生产技术，开展规模化经营，打造优质农产品品牌，依靠科技力量让传统农业重燃生机。在 2019 年的全国两会上，关于返乡创业，李克强总理在政府工作报告中指出，“培育家庭农场、农民合作社等新型经营主体”“支持返乡入乡创业创新”“持续深化农村改革，广袤乡村必将焕发新的生机活力”。越来越多利好政策的推出，更坚定了青年人返乡创业的信心。带着新知识、新技术、新理念来到农村这片广阔天地，新农人们大有可为。

党的二十大报告提出“坚持农业农村优先发展”“巩固拓展脱贫攻坚成果”“加快建设农业强国，扎实推动乡村产业、人才、文化、生态、组织振兴”“全面推进乡村振兴”“发展新型农业经营主体和社会化服务”等多项部署和安排，对有志在农村这片广阔天地勇敢闯荡的青年人来说，无一不是重磅“利好”。全面推进乡村振兴，农业农村要优先发展，人才是重中之重。想要实现农村经济快速发展，同样离不开人才。近年来，越来越多怀揣梦想和知识的青年人才从城市返回农村，摇身一变，从写字楼里的白领精英变成了常驻田间地头的新农人。新农人带着新技术、新知识、新理念返乡创业，推动农业生产不断发生新变化，在绿色理念的指导下发展绿色种植，不仅保障了农产品的安全，带动了农民增收，也真正实现了农民致富。在市场和政策的双重激励下，这个舞台愈加广阔，足以承载更多有志者的热望和期待。

党的二十大报告中提出，“全方位夯实粮食安全根基”“牢牢守住十八亿亩耕地红线”“确保中国人的饭碗牢牢端在自己手中”。吉林省作为农业产粮大省，一直承担着大国粮仓的重要使命，让中国的饭碗盛更多的吉林粮，是吉林新农人的宏伟目标。近年来，吉林省粮食产量屡创新高。

粮食丰产，乡村振兴，人才是根本。早在2019年1月，吉林省就发布了《吉林省乡村振兴战略规划（2018—2022年）》，其中明确提出，坚持推动智力下乡，用创业拉动就业；要建立起要素充分流向农村的体制机制，让人才、资本、技术、管理等要素无障碍流向广大农村，在广阔天地上，让人才大有作为，形成各类人才齐聚乡村创业的新潮流。2021年，吉林省又出台了《关于激发人才活力支持人才服务乡村振兴的政策措施》，可谓是完善农村农业人才体系、推动“三农”经济发展的一剂强心剂。22条“硬核”措施聚焦破解长期以来乡村人才外流和人才总量不足、结构失衡等突出问题，提出加快培养农业生产经营人才、农村二三产业发展人才、乡村公共服务人才、乡村治理人才、乡村科技人才等五大类人才，明确了人才补助和奖励措施，进一步夯实乡村振兴的人才创新创业基础。政策的辅力，让更多有志回乡创业的新农人有了勇气和底气。

为了更好地服务新农人返乡，吉林省继续实施“吉人回乡”工程，各地精心搭建资金保障、能力提升、创业基地和载体驱动等平台。在保障粮食安全、拓宽农民增收致富渠道、加快实现乡村振兴方面，吉林省不断奋进，力争成为全国现代农业的排头兵。

吸引人才的关键在于产业。近年来，吉林省深入实施“藏粮于地、藏粮于技”战略，快速搭建了国家粮食安全产业带，依靠科技“底座”繁荣“三农”经济，做大做强粮食产业。今天，在吉林省这片黑土地上，正在搭建的涉及水稻、玉米、杂粮杂豆等的产业链逐步完善；以打造品牌化的目标为指引，立足本地打造的大米“白金名片”和鲜食玉米“黄金名片”的“双名片”建设工作有效实施，进一步带动了吉林粮食产业的高质量发展，也为更多回乡创业的新农人提供了广阔的发展舞台。

党的二十大报告提出“必须坚持科技是第一生产力、人才是第一资源、创新是第一动力”，农业农村在奔向中国式现代化的道路上，更需要科技、人才与创新的共同加持。科技是第一生产力，也是吉林省粮食增产增收的利器。推动农业技术进步，构建技术支撑下的农业现代化发展体系，一直是吉林省政府关注的焦点。近年来，吉林省政府广泛发动行业协会、科研技术院所等单位和部门，加快实施科技强农富农战略，推进农业关键核心技术攻关，促进良田、良种、良法有机结合，并探索农机农艺一体化、绿色防控、智慧农业等现代农业新型发展模式；同时，通过广泛开展科企对接、校企联合、培训讲座、互联网 +、大数据 +、5G+ 等推动技术有效落地，为实现农业现代化扫平障碍，也为更多的技术新农人提供更为广阔的发展空间。

过去坊间流传着这么一句话："70后不愿种地、80后不会种地、90后不谈种地……"充分暴露了传统农业一直存在的窘况。然而在吉林，越来越多的新农人怀揣知识和技术，心存农业梦想，踏上回乡的征途，一头扎进了广袤的农村田野，不干出一番事业誓不回头。各类人才参与乡村经济发展，有的直播做电商，有的创立大米企业，有的为乡村环境改善建言献策。人才的集聚，让吉林省粮食产业有了源源不断的发展动力，也为乡村振兴、吉林省现代农业发展贡献着力量。新农人创办的企业发展壮大，拓宽了农村的就业空间，扩展了就业方式，为农民增收开辟了新路子，以企业成长为乡村经济发展助力。

曹曦是一位来自吉林省吉林市的80后"金融海归"，完成学业以后，曹曦凭借自己敏锐的商业嗅觉，通过在巴西创办出口贸易公司赚来了人生第一桶金。2016年，曹曦决定回到家乡当一名新农人。对于这样的决定，曹曦遭到了亲人的反对，他们很难理解原本可以走出去闯世界的高精尖人才为何偏偏要去当农民。而且，出生于1989年的他实际上根本没有在农村成长和生活的经历，更谈不上对农业有什么经验了。然而，曹曦很早就发现了生态农业中蕴含的商机，他说："我们并非低产值的传统种植，而是要种出差异性和品牌化。"曹曦和团队注重品牌化效应，率先打造了属于自己的中高端有机水稻品牌。

在品牌价值的加持下，曹曦和团队通过发展有机食材配送、休闲采摘、自然教育和民宿旅游等多元产业，不仅拓宽了农民致富渠道，还打造了一条绿色农业生态链。

吉林市拥有“中国粳稻贡米之乡”的美称，“吉林大米”更是吉林省主推的农产品之一。曹曦不光有一腔热血，更有敏锐的商业嗅觉。2016 年末，玉米价格跌落至低点，曹曦判断这是一个商机，此时进入农业领域，风险比较低。恰好吉林大米事业进入发展快车道，曹曦发现了种植有机水稻的商机，绿色生态农业产业基地的打造也由此开始。“农业是古老的行业，但农业技术和农业商业模式却在不断迭代，我要将掌握的金融知识与传统农业相结合，打造自己的‘稻’梦空间。”曹曦这样说。曹曦的创业想法吸引了全国各地互联网、传媒、金融等领域的人才，在团队的共同努力下打造了“壹田生态农业”。

壹田生态农业流转大绥河村土地6000余亩，建造现代育苗大棚，潜心种植有机水稻，年产高端稻米50万公斤。为了拓展多元化的农业模式，壹田生态农业与吉林省农业科学院水稻研究所以及吉林农业大学进行产学研合作，尝试开发了稻蟹、稻鸭、稻鱼共生项目，同时利用一些土地进行黏玉米、黄豆休耕轮作，采用现代化先进机械种植，过程全程可视。产出好大米，还需好销路。近年来直播带货发展势头迅猛，壹田生态农业不仅采用直播带货，同时还通过电商平台、固定群体定制等各种渠道销售中高端水稻。销售渠道的拓宽在扩大了影响力的同时，还增加了用户的黏性。

农业不仅让农民增收，更有文化传承，壹田生态农业引入自然教育模式，利用民房和大片果园，建成了一个自然教育乐园。在自然教育乐园里，可以举办休闲采摘、游学体验等趣味活动，通过自然研学、亲子采摘、拓展实践等活动，让城市孩子观察庄稼和果蔬的生长过程，体验农耕文化和乡村人文，真正了解农业、参与农业、爱上农业。值得一提的是，自然教育乐园中参与自然教育的教职人员都是当地的农民，他们在选拔过程中脱颖而出，经过培训成为教职人员。让当地农民把“地道”的农业生产知识通过实践的形式教授给孩子，能够让孩子们真正认识并了解农业生产知识，农民也能借此提高自身的文化素养并实现增收，这种双赢的自然教育模式，也让壹田生态农业被选为“自然教育科普示范基地”。壹田生态农业还打造了乡村旅游和民宿项目，民宿以“农耕＋稻田文化元素”为特色，采用村企联营的经营模式，经常在民宿中开展自然教育和主题文化节活动，真正实现了产业的自然融合发展。

作为壹田生态创始人，曹曦心中有更大的梦想——这些只是冰山一角，未来还要打造大绥河生态田园综合体。青春就是轰轰烈烈地去尝试，“创业最大的动力，就是想在生我养我的土地上为家乡做点事儿，也想在年轻的时候留下点儿印记。海外留学，金融专业，我本可以找份世俗认为体面的工作，但另辟蹊径，扎根黑土地，就是想做自己心底认为能实现自我价值的事儿。”曹曦说。

作为全国的大粮仓，吉林省在加快实现农业现代化方面不断深耕，依托科技力量，坚持做现代农业的领头羊，稳步推进农民增收、企业增效、经济增速等各项目标的实现。在政府推动、企业带动、产业联动的合力促进下，新农人默默耕耘，让曾经的传统农业焕发出勃勃生机。

“吉林作为粮食主产省，要扛稳国家粮食安全重任。”习近平总书记在2020年考察吉林省时明确指出，“东北是世界三大黑土区之一，是‘黄金玉米带’‘大豆之乡’，黑土高产丰产，同时也面临着土地肥力透支的问题。一定要采取有效措施，保护好黑土地这一‘耕地中的大熊猫’。”党的十八大以来，吉林省着力保护“耕地中的大熊猫”，夯实大粮仓；着力书写“三农”大文章，打好“农”字牌：粮食产量连续8年超过700亿斤，贫困地区农村居民持续增收，90%以上的行政村达到了清洁干净的目标……新农人扛着家乡致富、乡村振兴的大旗，凭借理想与信念，依靠科技与智慧，倾尽所能在吉林这片大地上描绘梦想的蓝图。茫茫黑土地，是田园也是家园。产业强了，家乡富了，乡亲们的腰包鼓了，一个个有关吉林省粮食产业发展、乡村振兴的故事正在不断上演，一幅幅现代农业的美丽图景正徐徐展开，吉林正由产粮大省向产粮强省稳步迈进。吉林，这片天地孕育的神奇黑土地，正多点筑巢、引凤归来。

党的十八大以来，以习近平同志为核心的党中央坚持把解决好“三农”问题作为全党工作的重中之重，引领推进新时代农业农村现代化事业发展，带领全党全国各族人民为农业强、农村美、农民富不懈奋斗，打赢脱贫攻坚战，实施乡村振兴战略，推动农业农村取得历史性成就，发生历史性变革。

在党的二十大胜利召开之际，细读党的二十大报告，在迈向现代化强国的宏伟蓝图中，“城乡人居环境明显改善”“基本实现新型工业化、信息化、城镇化、农业现代化”“农村基本具备现代生活条件”等各项目标任务跃然而出。农业强国是社会主义现代化强国的根基，满足人民美好生活需要、实现高质量发展、夯实国家安全基础，都离不开农业发展。

中国是农业大国，在五千年的历史长河中，农民始终是影响国家经济命脉的重要群体之一。曾经，他们面朝黄土背朝天，用双手耕耘出一片片田地；今天，随着农业现代化的不断推进，农民这一传统职业迸发出了新的活力与生机。乡村发展离不开青年人才，青年人才回流乡村，成为农民致富的“领头羊”，乡村振兴才会更有后劲，乡村经济才会得到长久发展。怀着农业大有可为的信心，一批批新农人返乡创业，带回所学的新知识、新文化，与古老的农耕文明深入融合，在碰撞交流中擦出了新型农业的火花。党的二十大报告催人奋进，乡村振兴关键在人，广阔天地大有可为！相信在一系列惠农强农政策的鼓舞下，会有越来越多的有志青年从城市来到农村这片广袤的土地挥洒汗水，推动乡村振兴的步伐也会大步迈进。

当代中国青年生逢其时，施展才干的舞台无比广阔，实现梦想的前景无比光明。实现农业现代化，离不开人才；发展特色农业，离不开人才；实现农业强国，离不开人才……新农人面向新时代，踏上新征程，在乡村振兴的舞台上尽情展现青年风采。作为一名新农人，在乡村振兴的时代背景下，能够投身农村创业，为加快实现农业现代、实现农业强国的美好愿景贡献力量是何其荣幸。在希望的田野上，新农人正在谱写农业现代化的“奋斗曲”。正是在新农人的合力推动下，我国农村广袤的土地上正在书写粮食丰产丰收、乡村振兴、农业现代化的华美篇章。

农村灵活就业天地广

当在搜索引擎中输入“农村灵活就业”这几个字的时候，结果显示出的职业类型可以说是五花八门。“活”在《现代汉语词典》里有很多种解释，除了作为动词的“生存”之外，作为形容词的“灵活”也是其中一条释义。二十年前，也许提到农村就业，再提到“活”的时候，我们只能考虑到生存这一个层面，所以那时候的农村就业可能只有两种选项，要么是留乡务农，要么是外出打工。但是随着我国经济的迅速发展以及科技的进步，农村的就业方式发生了巨大变化，就像词典中对“活”字的解释一样，变得灵活，变得充满生机。基于这一点，我们就可以说，农村灵活就业是农民在不离开农村的情况下，通过多种形式和途径参与劳动，获得报酬，实现就业和收入增长。目前，我国的农村就业形式已不再单一，而是朝着多元化、丰富化、广大化的方向发展。

党的二十大站在统筹中华民族伟大复兴战略全局和世界百年未有之大变局的高度，站在统筹推进“五位一体”总体布局、协调推进“四个全面”战略布局的高度，从 11 个方面对党和国家事业作出了全面部署，在“加快构建新发展格局，着力推动高质量发展”中提到了全面推进乡村振兴这一要务，为新时代我国农村产业发展指明了前进的方向。党的二十大报告强调：“高质量发展是全面建设社会主义现代化国家的首要任务。”而“全面建设社会主义现代化国家，最艰巨最繁重的任务仍然在农村”。所以“坚持农业农村优先发展，坚持城乡融合发展，畅通城乡要素流动”就显得尤为重要。党的二十大报告对农村高质量发展提出了新任务、新要求，同时也提供了新思路、新方法，即加快建设农业强国，扎实推动乡村产业、人才、文化、生态、组织振兴；全方位夯实粮食安全根基，全面落实粮食安全党政同责，健全种粮农民收益保障机制和主产区利益补偿机制，确保中国人的饭碗牢牢端在自己手中；发展乡村特色产业，拓宽农民增收致富渠道；巩固和完善农村基本经营制度，发展新型农村集体经济，发展新型农业经营主体和社会化服务；深化农村土地制度改革，赋予农民更加充分的财产权益；完善农业支持保护制度，健全农村金融服务体系。

我国是从农耕文明发展起来的农业大国，全国 14 亿人口中，居住在乡村的人口占总人口的 36.11%。14 亿人要想整体迈进现代化社会已经是一件艰巨性和复杂性都前所未有的大事了，更何况我国农村人口规模庞大；如何做到不好高骛远，也不因循守旧，保持耐心地稳中求进、循序渐进、持续推进至关重要。中国特色社会主义的本质要求是共同富裕，就业是实现全体人民共同富裕的重要前提和基础。农村人口就业问题得到落实，能够维护和促进社会的公平正义，促进全体人民共同富裕，防止出现两极分化现象。党的二十大报告强调“完善重点群体就业支持体系，加强困难群体就业兜底帮扶”“使人人都有通过勤奋劳动实现自身发展的机会”，所以如何促进农村灵活就业，保障新就业形态下劳动者的权益就显得尤为重要了。

从地理分布上来讲，中国 34 个省、自治区、直辖市以及特别行政区都有数量庞大的农村，也居住着大量的农村人口。无论是遥远的北国边疆，还是富饶的珠江三角洲区域；无论是中国农耕文明的发源地黄河流域，还是广袤的西北，只要是有人的农村，就有就业，而我国的地大物博也造就了农村灵活就业的多样性。近几年，农村灵活就业主要有农民工返乡创业、家庭农场、农村手工业、农村互联网 + 等丰富多彩的形式，尤其是近几年互联网的飞速发展，将城乡居民紧密地联系起来。直播带货的兴起，让很多地处农村的劳动力找到了新的就业出路。

2021 年 5 月，家住浙江省安吉县溪龙乡的村民老张火急火燎地给村委会打来了电话，原来他家里十几亩的茶园该喷农药了，平时都是他自己背着农药箱完成，可在这个节骨眼儿上他却摔断了腿，怎么也得两三个月才能下地干活，这茶园不喷药不完了吗？村委会的工作人员一听，马上替他联系了县里的灵活就业人员小朱。小朱是一名植保无人机飞手，也就是“玩”无人机的，只不过这种无人机叫作“植保机”，是专门给农作物喷洒农药和施肥的。植保机进行空中作业，效率非常高，所以老张家十几亩的茶园平时人工喷药需要5天才能完成，植保机2个小时就干完了。植保飞手的职业非常灵活，只有农忙时节才需要工作，也就四五个月的时间，其他时间非常自由，有了更多时间陪伴家人和关注孩子成长的小朱认为他选对了职业。

2022年3月，家住宁夏农村的家庭妇女小杜找到了妇联的工作人员，说自己也要赚钱，村里赚不到她就出去打工赚钱，老人、孩子她都不管了。原来小杜和外出打工的丈夫吵架了，原因是她丈夫这个月的工资少了一大半，而丈夫一想到赚钱少了也烦躁，随口说了句“你不赚钱，你是不知道大城市赚钱有多难”。小杜一听丈夫说自己不赚钱就生气了，她跟妇联的同志抱怨：“谁不想赚钱啊，可是家里的老人和孩子不得照顾嘛。”妇联的同志一听，马上把她带到了村里开办的就业帮扶车间。这里有30多个和她一样的农村妇女，可以在就业帮扶车间领一些绣制手工鞋垫和工艺品的活，按件计酬，工作方式比较灵活，可以选择在车间干活或者将活儿拿回家干，不用出去打工，在自己家的炕头上每个月就能赚到2000—4000元的工资。

2022年6月，佳沃蓝莓基地的负责人永远记得那一天。天气预报显示暴雨将袭击整个地区，而即将成熟的大片蓝莓田如果不能及时抢收就会被暴雨冲毁。一想到这点，他赶紧联系了镇上的新时代文明实践所的负责同志。实践所的工作人员第一时间帮助他在镇上刚启动不久的就业平台上发布了招工信息。招工信息刚发布不一会儿，便得到了邻近30余个村的100多名灵活就业人员的响应。他们迅速成立了抢收队伍，仅用了一天时间就抢收蓝莓8000余斤，挽回了经济损失50万余元。在这次抢收行动中得到益处的不只有蓝莓基地的负责人，还有年近60的老许。老许年轻时在大城市打工赚钱，在建筑工地干些木工、瓦工、焊工等体力活。如今年龄越来越大，老许重体力活干不动了，但闲不住的他不想增加孩子们的负担，希望能就近找点零活做补贴家用，这样又不用花去外地打工的住宿费用和交通费用，还不用担心会被拖欠工资。老许虽然年龄大了，但是手机用得还算明白，没事他就在手机平台上看看有没有灵活用工的岗位，所以看到这则用工消息的时候，老许第一时间报了名，当领到这一天赚到的200元工资的时候，他开心得像个孩子。

2022年9月的一个晚上，陕西省富平县凤凰村的社区工作人员接到了一个电话，说村里56岁的老林要自杀，原因是他家的柿子卖不出去，这一年白干不说，还欠了一屁股债。社区的工作人员马上赶到老许家，把他的情绪安抚住，第二天一早就把他带到了镇上“农产品网上营业厅”的办公点。这个营业厅集合了10多个灵活就业人员，他们的工作就是在网上通过短视频和直播的方式销售十里八村的各种农产品。90后农村小伙小王是这个营业厅的负责人，他原来也在大城市有份固定工作，但大城市竞争激烈不说，每天对着电脑让他压抑得不行，甚至出现了抑郁的情绪。看到村里和他父母一样务农的农民在销售农产品的时候还是采用原来的方式，既辛苦又赚不来什么钱，而他也想从事自由职业，于是就回村干起了直播。小王是土生土长的农村人，骨子里的淳朴与实在为他积累了不少粉丝，找他买农产品的人全国各地哪儿的都有。现在营业厅里工作的都是灵活就业人员，他们一起合作，有的拍视频，有的写文案，有的负责推广，就这样不仅帮村民打开了农产品的销路，自身也实现了灵活就业，一场直播下来交易额能达到几万元，而且他们直播都到农田或者果园里，那里空气清新，风景也好，可以说是一举多得了。

类似的在农村实现灵活就业的例子有很多，这都和十八大以来，中国共产党领导人民取得的非凡成就有关。新时代党和国家事业发展有了科学完整的战略部署，提出实现中华民族伟大复兴的中国梦，以中国式现代化推进中华民族伟大复兴。这十年来，党带领人民取得的最重要的成就之一就是我国实现了小康这个中华民族的千年梦想，以此为基础，我国的发展站在了更高的历史起点上。习近平总书记在党的二十大报告中指出："我们坚持精准扶贫、尽锐出战，打赢了人类历史上规模最大的脱贫攻坚战，全国八百三十二个贫困县全部摘帽，近一亿农村贫困人口实现脱贫，九百六十多万贫困人口实现异地搬迁，历史性地解决了绝对贫困问题，为全球减贫事业作出了重大贡献。"

对于“就业是最基本的民生”，早在2004年，国务院新闻办公室就发布了《中国的就业状况和政策》白皮书，其中对灵活就业给予了高度的评价，并认为这是一种促进就业的重要形式。随着互联网的加速发展和短视频时代的开启，城乡壁垒几乎完全被打破，不仅城市灵活就业群体数量与日俱增，农村灵活就业的方式也更加多种多样，只能说只有想不到的，没有劳动人民做不到的。根据相关数据统计，截至2021年底，在我国14亿人口当中，劳动力人口近9亿，其中灵活就业人员数量就已经达到了2亿左右。主播及其相关从业人员有160多万人，外卖骑手数量已经超过770万人，全国网约车司机人数超过3000万。另外，《中国灵活用工发展报告（2022）》蓝皮书显示，2021年中国有61.14%的企业在使用灵活用工，比2020年增加5.46%。这些逐渐庞大的数据里自然也包括在农村从事灵活就业的人员。随着这几年互联网和自媒体领域的发展，从业者的工作已经可以摆脱地域限制，从运营成本的角度来讲，农村从地价、房租、水电等方面都具有得天独厚的优势。随着国家对“三农”工作的重视和对粮食安全的战略部署，农村灵活就业未来具有较大的发展空间。

近几年人们对生活品质的要求越来越高，更多人关注到了城市高密度人口带来的种种弊端，很多人开始意识到人口密度较低且交通便利的农村也是美好生活的另一种打开方式，所以向农村转移或许是新的机遇，这样自然能够带动农村灵活就业形式向着更广的方向发展。

党的十八大以来，为了促进农村灵活就业，各地政府以及相关部门都在党中央的号召下在政策、资金、服务等方面为返乡就业人员提供了大力支持，比如出台针对自身地域特点的农民工返乡创业政策，开展农村产业技术改造项目、农村手工业扶贫项目等。在完善农民工返乡创业政策方面，党中央、国务院出台了一系列措施。2015 年，国务院办公厅印发了《关于支持农民工等人员返乡创业的意见》，从降低返乡创业门槛、落实定向减税和普遍性降费政策等多方面完善了返乡创业支持的政策。2016 年，国务院办公厅印发了《关于支持返乡下乡人员创业创新促进农村一二三产业融合发展的意见》，进一步完善支持返乡下乡创业政策措施。2018 年，国务院印发了《关于推动创新创业高质量发展打造“双创”升级版的意见》，提出深入推进农民工返乡创业试点工作、进一步发挥创业担保贷款政策的作用等，支持农民工等返乡创业。各地人力资源和社会保障局也积极开展工作，出台了一系列措施，比如重庆市九龙坡区就针对返乡创业农民工、农村自主创业农民等出台了可申请最高不超过 20 万元、由专项资金贴息的个人创业担保等优惠政策，而且在增值税、城市维护建设税、教育费附加、地方教育附加和个人所得税方面也都有相应的优惠政策。而农村手工业扶贫项目在全国各地的农村都发展得非常好，“炕头经济”“指尖经济”遍地开花，各地成立的手工坊、帮扶车间以及专业合作社等层出不穷，解决了大量农村妇女的就业问题。而让能顶半边天的妇女实现灵活就业，让她们既能顾家，又能增收，自然也实现了她们幸福生活的梦想。

党的二十大召开后，各地政府及组织认真贯彻二十大精神，针对农村灵活就业出台了各项政策措施，如强化稳岗政策扶持、强化共享用工服务、深化劳务协作机制、打造具有特色的劳务品牌等，通过创建并维护针对农村灵活就业人员的输出服务平

台，立足加快发展自身的特色产业，积极开发本地灵活就业岗位，并为灵活就业人员提供精准的就业服务，开展广泛的技能培训，提升农村产业发展能力和新型农业经营主体的经营管理能力，切实维护了农村灵活就业人员的劳动权益，也力图在消除大龄务工人员不能平等就业的限制和就业歧视上下功夫。此外，还提出了做好农村灵活就业的失业监测，加大兜底安置就业的力度，优先帮扶脱贫人员，通过设立乡村公益性岗位等方式，让脱贫人口实现灵活就业。相信在党的二十大精神的引领下，通过农村灵活就业，不仅可以进一步提高农村劳动力的就业率和收入水平，而且能在促进农村经济发展、改善农民生活水平、增强农民社会地位和自尊心等方面产生巨大效应，真正为全面建设社会主义现代化国家而奋斗。

发展特色农业，做强农业“芯片”

农者，国之大本也。我国是人口大国、农业大国，有着五千多年的农耕文明。中华民族的农耕文明积厚流光、继往开来，铸就了传统文化优秀的根脉。务农重本，国之大纲。我国一向把“三农”问题放在关键位置，农业、农村、农民始终有着举足轻重的地位，实现由农业大国向农业强国转变，是中国农业发展的理想传承和夙愿。目前，我们已经走到了由农业大国向农业强国跨越的历史节点。面对百年变局，粮食等重要农产品始终是大国博弈的王牌，农业不强就会受制于人，只有加快农业强国建设，更好地夯实农业这个“压舱石”，才能在国际竞争中立于不败之地。踏上新的征程，我们锚定既定奋斗目标，风雨无阻，清醒而坚定。

习近平总书记指出：“历史和现实都告诉我们，农为邦本，本固邦宁。我们要坚持用大历史观来看待农业、农村、农民问题，只有深刻理解了‘三农’问题，才能更好理解我们这个党、这个国家、这个民族。必须看到，全面建设社会主义现代化国家，实现中华民族伟大复兴，最艰巨最繁重的任务依然在农村，最广泛最深厚的基础依然在农村。”

党的二十大报告强调“全面推进乡村振兴”“坚持农业农村优先发展”，并针对如何全面推进乡村振兴提出了方法指导，明确提出“发展乡村特色产业，拓宽农民增收致富渠道”。习近平总书记强调，产业是发展的根基，产业兴旺，乡亲们收入才能稳定增长。产业兴旺是解决农村一切问题的前提，要推动乡村产业振兴，大力发展现代农业，围绕农村一二三产业融合发展，构建乡村产业体系。党的二十大报告中提出“加快建设农业强国”，指明了新时代新阶段农业农村现代化的主攻方向。从“中国要强，农业必须强”的深刻论断，到“加快推进农业农村现代化”的战略部署，再到“加快建设农业强国”的奋进号角，体现了党中央对“三农”工作一以贯之的高度重视。

在2022年召开的中央农村工作会议上，习近平总书记指出，农业强国是社会主义现代化强国的根基，满足人民美好生活需要、实现高质量发展、夯实国家安全基础，都离不开农业发展。建设农业强国要体现中国特色，立足我国国情，立足人多地少的资源禀赋、农耕文明的历史底蕴、人与自然和谐共生的时代要求，走自己的路，不简单照搬国外现代化农业强国模式。要依靠自己力量端牢饭碗，依托双层经营体制发展农业，发展生态低碳农业，赓续农耕文明，扎实推进共同富裕。

根据党的二十大报告精神和中央相关安排部署，乡村特色农业发展必然成为乡村产业振兴乃至提升农民生活水平的重要抓手。特色即生产力，打好“特色牌”是发展特色农业的重中之重。发展壮大特色农业可以挖掘区域自然资源的优势，全方位拓展和完善农产品产业结构模式，进而推动差异竞争和错位发展，以供给的差异化和品质化更好地匹配市场需求，促进农产品向高水平供需平衡跃升。随着国家重视程度的不断加强，特色农业已经成为强化区域竞争优势、加快农业提质增效的关键。特色农业是由各地根据特有生态环境因地制宜发展出来的农业系统及其所出的名优产品，其核心就在于“特”。对特色农业进行创造性转化与创新性利用是顺应农业发展新趋势、培育农村发展新动能的重要内容，对推进产业兴旺，进而完成农业高质量发展与乡村振兴以及加快建设农业强国意义非凡。

特色农业是劳动密集型产业的一种，是实现农业产业兴旺的绝佳平台。引导农民在家门口就业，立足本地，发掘资源优势，发展特色农业，能够帮助农民实现增收，拓展致富途径。此外，通过吸引现代农业各项要素不断注入，引导特色农产品生产形成产业集群，能够延伸特色农业产业链和价值链，有助于开拓除务农和务工外的第三就业空间。

特色农业是推动实施乡村振兴战略的重要途径。发挥市场、品牌优势，吸引更多经营主体、科技人才、社会资本等资源向乡村聚集，开发相关产品和相关产业，做优做强特色农业，推进一二三产业融合发展，多层次、多领域提升我国特色农产品质量效益和竞争力，从增产转向提质，同时完善仓储、物流等配套设施和餐饮、住宿等乡村服务体系，促进生产、生活、生态协同发展，实现产品质量高、生产效率高、产业效益高、农民收入高，从而推动乡村全面发展，实现乡村产业振兴。

特色农业是建设农业强国的重要“芯片”。我国幅员辽阔，人口众多，保障粮食、重要农产品和“菜篮子”产品稳定安全供给始终是建设农业强国的头等大事。农特产品是“菜篮子”

产品的主要组成部分，是我国粮食和重要农产品的补充。发展特色农业，要鼓励各地开发特色优势资源，将优势资源转化为优势产品，从而让资源优势发挥作用，推进产业发展平台快速搭建，加快构建粮经饲统筹、农牧渔结合、植物动物微生物并举的多元化食物供给体系。更好地满足人民群众丰富多样的食物消费需求，是建设农业强国的必然选择。

习近平总书记强调，要鼓励和扶持农民群众立足本地资源发展特色农业、乡村旅游、庭院经济，要扶持新型农业经营主体，培养造就新型农民队伍，把现代特色农业这篇文章做好。为贯彻落实好党的二十大作出的重大决策部署，不断做大做强乡村特色农业，让乡村活力更充沛，近年来，吉林省因地制宜发展特色农业，多措并举，促进当地农民增收、农业增效。

“产业兴，则乡村兴；产业强，则百姓富。”吉林省作为全国的“大粮仓”，不仅时刻肩负保障粮食安全的重任，还极力挖掘优势资源，发展优势产业。在吉林省众多优势的自然资源中，人参产业位于特色产业榜首，已经发展成为吉林省农业新兴支柱产业，是实现农民增收致富的重要产业。近年来，吉林省全力开发，形成了长白山人参产业集群。有“人参之乡”之称的吉林省白山市抚松县万良镇，依托当地优越的自然条件，积极组织农民开展人参种植，在政策、资金、技术上全力给予扶持。头戴“红帽”的人参娃娃，让万良镇的种参户喜上眉梢。与此同时，政府还为种参户提供了免费的办公场地，鼓励农民通过直播拓宽销售渠道，多措并举促进万良镇人参特色产业实现高质量发展，实现农民增收致富。同样是发展人参产业，吉林省集安市立足本地特色创建了人参产业园，集安参农依靠得天独厚的自然优势，大力开发旅游资源，不断完善旅游配套服务，丰富旅游文化产品，拓展人参文化体验游，把人参产业与旅游产业结合，形成了综合性乡旅特色品牌。

与此同时，集安还打造了野山参博物馆，通过制作影视、动漫作品传承发扬人参文化。集安人参产业园正带领人参行业不断向产业化、品牌化、国际化的战略目标迈进。实现人参产业振兴、扩大种植规模的同时，还需要加强品牌建设，加大科技投入。近年来，吉林省在推动种质资源更新、重大创新平台建设等方面持续发力，对人参产业加大经费投入，并强化科研力量，推动人参产业实现高质量发展。长白山人参产业集群，是吉林省特色农业发展的标杆，为吉林省发展乡村特色产业提供了良好范本。

地处长白山西麓的吉林省磐石市近年来大力贯彻落实乡村振兴战略，规划打造一个集特色种植和畜牧养殖于一体的现代农业产业园。磐石市立足于本地药材资源，大力发展中药材种植，形成了以灵芝为主，黄芪、白术、板蓝根等并行发展的多元药材种植业，并且在医药企业的带动下，中药材种植全面铺开，遍布各乡镇，带动当地种植户实现增收。在磐石市，不仅中药材种植业发展得如火如荼，还有一种很不起眼的农作物——紫皮洋葱，也在这片土地上“野蛮生长”。紫皮洋葱之所以能够快速发展，得益于入驻磐石市的食品公司，他们用紫皮洋葱作为原材料开发了保健饮品，随着紫皮洋葱需求量的不断加大，紫皮洋葱种植基地在多个乡镇顺势建立，从而为当地农户增收创造了条件，同时推动了农业产业结构的不断升级。磐石市在大力发展特色种植的同时，也在快速推进畜牧业的发展，打造了集养殖、饲料加工、有机肥制造于一体的综合性园区。多产业联合发展，为吉林省推进乡村振兴工作打造了亮丽的名片。

在长春市九台区波泥河街道茂林村错落有致的农家院里，一袋袋经过分拣、打包的大榛子被运到全国各地；高速运转的加工厂内，一箱箱速冻玉米陆续下线；闲暇之余的热炕头上，村民们一边熟练地做着草编手工艺品一边聊天，精神饱满、干劲十足。然而，几年前的茂林村却是另外一番景象，作为省级贫困村，茂林村集体经济发展不够，产业结构过于单一。守着好山好水，村民们发现村里向阳的山坡地很适合种榛子，产出的榛子深受消费者青睐。为此，村里成立了合作社，建立大榛子产业园，由专业人员向村民传授大榛子种植技术，扩大种植规模，年产值超过 200 万元。

荒山变成青山，榛子产业“鼓了”村民们的腰包。特色产业带动的合作效益，让茂林村在发展中有了新思路。为提高村集体收入，茂林村与企业共同出资，建起玉米食品加工厂和种植基地，仅速冻玉米一项，年产值就接近 350 万元。随着食品加工厂的持续发展，农产品种植面积和生产规模的不断扩大，农产品加工业以其市场前景好、产品附加值高、产业链条长的优势，成了茂林村新的经济增长点。为了拓展村民收入渠道，让村民农闲时有活儿干，茂林村成立了关东情民俗文化有限公司，培养当地手工草编人才，吸纳大量农村剩余劳动力参与手工草编工作，村民们制作的草编手工艺品由企业统一收购。茂林村通过大力发展大榛子种植、优势农产品加工、手工草编等多项产业，探索出了一条集体经济增值、农业增产、农民增收的致富路，实现了脱贫人口持续稳定增收。

党的十八大以来，扎根黑土地的吉林人深刻领会党关于“三农”问题的精神，牢牢抓住发展机遇，立足吉林本地，开发特色资源，将资源优势转变为产业优势，拓宽产业链，以科技创新推动特色农业快速高质量发展。历经十年蜕变，吉林省坚持自主创新，全面推动特色农业发展，为实现乡村产业振兴打下了坚实的基础。

回首过去十年，我国乡村特色农业发展取得了长足进步，围绕开发农业多种功能、挖掘乡村多元价值、丰富乡村产业业态等主题，积极推动三产融合并促进乡村特色产业提档升级，为全面推进乡村振兴行动提供了重要物质保障。2019 年中央一号文件要求“发展壮大乡村产业，拓宽农民增收渠道”，并进

一步提出“因地制宜发展多样性特色农业，倡导‘一村一品’‘一县一业’”和“健全特色农产品质量标准体系，强化农产品地理标志和商标保护，创响一批‘土字号’‘乡字号’特色产品品牌”等乡村特色产业发展路径。习近平总书记在2022年中央农村工作会议上强调：“产业振兴是乡村振兴的重中之重，要落实产业帮扶政策，做好‘土特产’文章，依托农业农村特色资源，向开发农业多种功能、挖掘乡村多元价值要效益，向一二三产业融合发展要效益，强龙头、补链条、兴业态、树品牌，推动乡村产业全链条升级，增强市场竞争力和可持续发展能力。”

党的十八大以来，以习近平同志为核心的党中央坚持把解决好“三农”问题作为全党工作的重中之重，一系列强农惠农政策相继出台，推进一系列变革性实践，站在统筹中华民族伟大复兴战略全局和世界百年未有之大变局的高度，引领推进新时代农业农村现代化事业发展，带领全党全国各族人民为农业强、农村美、农民富不懈奋斗，打赢脱贫攻坚战，历史性地解决了绝对贫困问题，实施乡村振兴战略，推动农业农村取得历史性成就、发生历史性变革，为党和国家事业全面开创新局面提供了重要支撑，为加快建设农业强国提供了良好的制度保障和坚实的物质基础。我国农业农村现代化取得非凡成就，具备了由农业大国向农业强国迈进的基本条件，推进农业农村现代化正当其时。

近年来，各地高度重视乡村特色产业发展，充分挖掘本地特色资源，大力发展“一村一品、一镇一特、一县一业”，把不少小特产、土特产培育成了大产业，成为当地农村的支柱产业。我国地域辽阔，地貌类型丰富，气候复杂多样，孕育了大量的农作物、动物和微生物。农耕文明传承千年，多民族交融发展，多品种、高质量的特色产业在全国百花齐放，与此同时，繁荣发展的特色产业为我国做强农业“芯片”，加快建设农业强国奠定了坚实的物质基础和丰富的价值内涵。

空谈误国，实干兴邦。崭新蓝图，激发昂扬干劲。希望的田野，涌动蓬勃生机。面向新时代，吉林儿女正以实际行动昂首阔步迈向高质量、高效益的新征程。我们时刻以党的二十大关于“三农”工作的指导为指引，深刻领会习近平总书记关于“富农”“农业强国”的精神，为加快建设中国特色农业强国不断耕耘，把富民政策一项一项落实好，埋头苦干、勇毅前行，全力发展乡村特色农业，绘就全面推进乡村振兴的壮美画卷。丰收的季节，党的二十大擘画了以中国式现代化推进中华民族伟大复兴的宏伟蓝图。全面建成社会主义现代化强国，有了里程碑意义的科学谋划。蓝图在手，重任在肩，在吉林省发展的宏伟蓝图上，吉林儿女以实践为笔，描绘出一幅幅振兴美景。

数字北大荒助力乡村振兴

中国是农业大国，农业作为国家关系民生的支柱产业，支撑着国民经济的建设和发展。进入 21 世纪以来，国家连续发布了十九个指导“三农”工作的中央一号文件，可以看出国家对农业发展的重视。随着社会的发展和科技的进步，我国农业生产力水平正不断提升，将由机械时代向数字时代转型升级，进入高质量发展阶段。

2022 年伊始，中央网信办、农业农村部、国家发展改革委、工业和信息化部、国家乡村振兴局联合印发的《2022 年数字乡村发展工作要点》中提到，构筑粮食安全数字化屏障，大力推进智慧农业建设，指出了现代农业的发展方向。在《黑龙江省“十四五”数字经济发展规划》中，也提出了打造北大荒国家农业产业数字化先导区的任务目标。近年来，北大荒集团积极探索农业数字化转型，坚持把发展现代农业作为乡村振兴的重要内容，加速中国农业数字化转型步伐。

数字农业发展是我国农业发展的必经之路。农业从技术形式上可以分为机械农业、数字农业和智慧农业。机械农业是通过大农机来替代人工作业，实现了农业生产标准化，解放了人工劳动，提高了生产作业效率。数字农业是通过信息化技术管理农业中产生的数据，构建农业生产、管理和流通中的一般规律，以数字模型驱动农业生产管理，提高农业产量和质量。智慧农业是以机械农业和数字农业为基础，以大数据、云平台的人工智能技术为支撑，实现农业全产业链的精准化种植、可视化管理、智能化决策，体现为现代生物技术、人工智能技术和工业生产技术等高新技术融合于一体。数字农业发展承上启下，释放了机械农业中的数据价值，同时又为智慧农业提供数据基础。

2021年中央一号文件《中共中央国务院关于全面推进乡村振兴加快农业农村现代化的意见》提出，要发展智慧农业，建立农业农村大数据体系，推动新一代信息技术与农业生产经营深度融合。2022年农业农村部印发了《“十四五”全国农业农村信息化发展规划》，对“十四五”时期农业农村信息化高质量发展作出系统部署。众多政策性文件指出，数字农业是“十四五”时期农业农村信息化发展的主要战略方向，对保障国家粮食安全和生态安全具有重要意义。

当前，党中央、国务院高度重视数字农业建设发展，作出

《“十四五”推进农业农村现代化规划》《“十四五”全国农业农村信息化发展规划》《2022年数字乡村发展工作要点》《关于加快场景创新以人工智能高水平应用促进经济高质量发展的指导意见》等一系列重要部署，加快推进农业农村生产经营精准化、管理服务智能化。各地区、各部门认真贯彻落实，大力推进数字技术在农业农村中应用，取得明显成效。

北大荒集团依托广阔的农业应用场景及组织化优势，以提升农业质量效益和竞争力为主攻方向，构建以产品为主线的现代农业全产业链标准体系，通过农业智能化赋能，推进云计算、大数据、物联网、人工智能、5G等新兴信息技术与现代农业深度融合，加强关键数字技术创新应用，加快数字基础设施升级改造，推进农业数字化转型，推动数字农业产业化，以数字化转型整体驱动农业生产方式、管理方式变革，提高农业全要素生产率，示范引领现代农业发展。推广应用卫星导航辅助、智能控制自动驾驶、田间管理自动监测、农田灌溉智能调度等技术，深入开展无人智能农机建设，推进智能化替代机械化。建设“空、天、地、人、机”五位一体的农业智能感知系统，大力推进物联网、遥感、地理信息系统、北斗导航系统等在农业领域的应用，有序推进大田、水利、仓储、物流等设备设施数字化、智能化改造，实现作业机具自动识别、生产数据自动采集、生产环境精准调控，构建主要农作物智慧种植图谱，为农业生产提供科学决策支撑。

2021 年，北大荒数字经济增加值达 87.38 亿元，占集团企业增加值的 16.6%，农业科技进步贡献率达 77.07%，农业数字经济渗透率达 13.95%，相较国家农业数字经济渗透率 8.2% 高出 5.75 个百分点。数字经济成为推动北大荒农业高质量发展的关键引擎。

数字产业的发展，归根结底是数据的融会贯通，大数据、物联网、区块链、人工智能技术的深入发展与应用，都需要大量的数据支撑。通过对数据的收集、解析、运用，满足社会活动需求，促进数据的价值化，从而也就产生了数字经济。北大荒几十年的生产经营活动，积累下了数量众多、类别各异的数据资源，如气象数据、土地耕作数据、生产经营数据等，这些数据资源通过归集、整理、清洗、脱敏、分析、应用，将会为北大荒农业数字化转型提供宝贵的基础，将沉淀的数据资源激活成为有价值的数据资产。

如今的北大荒已不再是刀耕火种的时代，智慧农业在广袤的土地上落地生根，建立起以数据化为支撑、数字化为驱动、自动化为展现的现代农业模式。数据采集模式的革新突破了数字化发展的瓶颈，借助于卫星导航、遥感、物联网、探测器等感知设备，实现了对生产过程全要素数据实时化采集、分析，对农事操作各种过程实现模型化构建，为智慧农业发展提供核心“芯片”，构建精准化生产决策，实现全流程的智能执行和智能服务。

北大荒集团紧跟大数据时代步伐，坚持“平台 + 应用”的云化架构模式，打造全集团共能力、共平台、共技术栈，统一数字化基础架构，协同新运营体系，实现“一片云、一张网、一键通”的“数字化新 IT”规划目标。截至目前，已经初步建成了北大荒农业大数据中心，构建了以云原生微服务架构为基础的统一数字农服技术中台和数据中台，统一存储、管理和运营北大荒农业全产业链数据资产。上线了数字农服平台，为生产经营主体提供土地承包系统、资源管理平台、农机调度和运营管理等农业全程数字化服务，规划形成了北大荒数字农服产品体系和智慧农业体系架构。数据中台沉淀了业务数据、生产数据、作物生长数据、土壤数据、气象数据等60T的高质量农业数据。

以云计算、大数据、人工智能和物联网为代表的新一代信息技术给企业IT架构以及管理模式、商业模式带来深刻变革。北大荒集团坚持战略引领，将信息化建设列为十大重点项目之一，对标华为等世界一流企业数字化建设的先进经验，加快推进企业信息化转型顶层设计，科学制定企业IT战略、架构与治理规划，以智能协同办公平台建设为切入点，同步启动集团管控体系建设。针对集团23个部门、2家分公司及下属6个农场、8家直属企业开展调研工作，梳理北大荒业务领域12个，提供针对战略、流程、应用、数据及IT基础设施的高阶改进建议，并依据项目的重要与紧迫性、依赖关系、见效周期等关键因素进行项目优先级排序，为项目实施落地提供科学路径指引。

发展现代农业是新一代信息技术的革新，是以关键技术为牵引、场景创新为基础，以农业全产业链管理管控为主线，围绕“生产、管理、服务”三领域，加速数字农业发展进程。利用大数据分析、预警及预测等深度数据应用技术，持续迭代优化资源资产、数字农服等数字驾驶舱，实现高科技展示和生产应用的深度融合，为管理决策提供“北大荒数字农业智慧”。

北大荒在数字农业发展探索上先行试点建立两批共20个数字农（牧）场，核心示范总面积30.4万亩，辐射带动面积236万亩。北大荒地理信息系统（GIS）及遥感技术（RS）已实现全覆盖，遥感监测精度达到85%以上。智能育种、精量点播、智能叶龄管理分层、变量精准施肥、无人机植保等先进技术在北大荒广泛应用。围绕四大作物，通过示范农业生产、经营、管理、服务数字化转型，统筹种、管、收、储、运农业全产业链过程。以强化全程质量控制、提升全要素生产率、促进产业融合发展为导向，建立上中下游协同发展机制，构建布局合理、指标科学、协调配套的全产业链标准体系。聚焦中国农业无人化作业发展科技前沿，建成了七星、胜利、创业、红卫、勤得利、二道河6个规模化国产农机装备无人化农场，成为全国领先和国内唯一的无人化农场群。通过发展“无人农场”，可有效减少田间用工70%以上，提高工作效率30%以上，节水20%以上，减少肥料浪费50%以上，减少农药施用30%以上，实现示范区增产10%以上，形成了一套可复制、可推广的数字农业集成应用解决方案。

数据是北大荒数字农业的重要支撑，是促进高质量发展的重要资产。北大荒集团在农业领域数十年的生产经营实践中，产生和收集了大量涉及农业生产、加工、流通、消费、科研、政务的数据和农户信息，涵盖种业、种植业、畜牧业、渔业、农田建设等各领域，积累了大体量、多维度，涉及国家安全、粮食安全的核心数据。而面临日益复杂严峻的国际农业形势和信息安全态势，这些数据也承担着安全风险，如数据泄露、数据窃取、数据篡改、数据丢失、数据滥用、数据贩卖等。如果这些涉农数据的完整性、机密性、可用性遭到破坏，将会影响到关键核心技术研发和涉农部门管理决策，破坏粮食安全，甚至影响社会安全稳定。

北大荒集团以建设北方农业大数据中心为核心，通过规范数据格式、加强数据治理、运用数据加密、筑牢内外防护、严

格权限管控等方式构筑数据安全防护网。数据的标准化是简化工作流程、提升管理效能的基础，通过建立数据类型、数据接入与服务、软硬件接口等标准规范，促进数据统一，便于进一步加强数据治理，打造完整数据治理链条，形成涵盖数据集成、数据存储、数据开发、数据资产、数据质量、数据共享、数据模型的完整数据管理范式，实现信息互通、数据融合、数据共享、数据开放及业务协同。数据的加密处理是保障数据安全的重要手段，通过构建数据安全技术防护体系，采取数字签名、数据加解密、数据备份、数据脱敏、数据控权、数据水印等技术，在数据收集、存储、使用、加工、传输、提供、公开、删除等各类处理活动中加强安全技术防护，重点加强与数据处理相关的网络和信息系统的安全管理和技术防护。数据的备份是确保数据完整性的有效手段，北大荒数据中心以“三地三中心”为建设方案，形成容灾及备灾控制体系，按照作物数据、环境数据、胁迫数据、管理数据、农业经济数据五大类方向搭建数据库，存储容量和算力能够满足未来5—10年北方数字农业发展需求，提供高性能、高可用性、高扩展性、高安全性的硬件架构、软件平台及技术支持，满足各业务数据远程备份的要求，确保其数据安全。

发展现代农业是新一代信息技术的革新，是以关键技术为牵引、场景创新为基础、科创平台为载体，最终实现服务农业生产目标的创新方向。北大荒集团在数字农业建设中，确定以建设不同作物标准数据采集场景、技术示范校验场景、关键节点技术攻关场景和存储运算场景四大创新场景为指引，着力布局形成“1947”场景创新格局，打造智慧农业自主创新的集聚地，科技驱动产业发展策源地，协同创新和改革示范新高地，全面提升我国应对国际农业竞争的核心实力，建设具有国际影响力的智慧农业产业科技创新中枢。

“1”，即“北大荒集团大数据中心”，发挥数据存储、数据归集互通、数据标准化整理、数据自主利用和共享利用、标准化服务等作用，打破原有数据孤岛。着眼数字农业四大环节智慧感知、智能决策、智能执行和智慧服务，开展核心算法攻关和提供技术应用落地场景，开展源头和集成创新应用，搭建立足未来长远规划的数据中心和数据标准化处理体系，产出一批服务实际应用的模型算法及产品，为数字农业发展提供源头技术供给。

“9”，即按照地理区位特点和耕地特征，种植布局，建设 9 个数字化制种、数字化生产和数字化基础技术研发三位一体标准数据采集区和集成示范区。依托资源禀赋，在建三江地区建立数字化寒地水稻育种及制种基地，开展高效优质品种选育与制种工作，发挥寒地水稻智慧生产核心技术研发中心作用，重点破解种子芯片卡脖子难题。在八五六农场、二九〇农场和闫家岗农场共建辐射黑龙江全域不同生态区域数字化水稻生产基地，开展不同生态类型水稻数字化生产耕、种、管、收全环节研究。在北安分公司赵光农场建立数字化大豆和玉米选育基地，开展高效优质品种选育工作，建立数字化大豆种质资源保存库和数字化大豆制种中心。与八五二农场、尖山农场共建辐射黑龙江全域不同生态区域数字化大豆生产基地，开展不同生态类型大豆数字化生产耕、种、管、收全环节研究。与友谊农场和鹤山农场共建辐射黑龙江全域不同生态区域数字化玉米生产基地，开展不同生态类型玉米数字化生产耕、种、管、收全环节研究。依托克山农场开展马铃薯智慧育种、智慧制种和智慧生产研究。结合建三江分公司、北安分公司、九三分公司、齐齐哈尔分公司和绥化分公司开展大尺度精准气象、精准土壤和智能水利研究，为智慧育种、智慧制种和智慧生产服务。

“4”，即四大作物，水稻、大豆、马铃薯、玉米，围绕四大作物建立作物数字生产技术系统集成，进行数字农业技术创新实践。水稻依托七星农场、二九〇农场、八五六农场和闫家岗农场建立不同生态区域智慧枢纽中心。大豆依托赵光农场、八五二农场及尖山农场建立不同生态区域智慧枢纽中心。玉米依托友谊农场和鹤山农场建立不同生态智慧枢纽中心。马铃薯依托克山农场建立智慧枢纽中心。各枢纽中心将聚焦于标准数据采集、农业传感器和高端智能装备标准应用场景建立，集成技术完成不同生态区域四大作物耕、种、管、收全环节数字农场先行区建设，为数字农业提供示范展示。

“7”，即以108个农场数字农业技术创新实践方向为引领，根据各农场技术创新需求、突出领域和产业需求，形成产业闭环，建立智慧制种、智慧气象、智慧土壤、智慧水利、智慧生产、智慧栽培、智慧农机7个方向创新场景。以数字农业技术创新实践方向为引领，根据各农场技术创新需求、突出领域和产业需求，形成产业闭环。围绕着创新场景目标，各实施单位负责创新实践数字化建设专一模块建设，形成模块应用技术反馈迭代，辐射推广应用，将数字农业的成熟经验成果在全垦区乃至全国范围内进行示范推广应用，全面提升数字农业整体技术水平，为农业高质量可持续发展提供支撑。

北大荒无人农场项目蓬勃发展，在广袤的大地上，无人农机作业、农田智能灌溉、自动叶龄诊断开启农业无人化管控新模式。在农田里，通过田间传感器信息采集及数据平台智能分析，已实现根据作物生长时期自动灌溉。对无人机设置指令，农田植保、施肥等作业一蹴而就。农业数字化让一年四季离不开庄稼地的农民，变成动动手指就能控制农田的“科技达人”，农业劳动力得到解放，农业生产从体力活动向脑力活动转变，迎合年轻人的择业趋向，破解中国现代农业谁来种地的问题。

数字农业发展离不开关键技术支撑，来自现代通信技术、智能化感知设施、分析及控制平台、智能决策算法模型等领域的支撑是数字农业发展的原动力，决定着产业数字化发展的走向。分析决策模型的建立是实现数字农业最重要的步骤，是完成传统农业向数字农业全面转型的关键环节。北大荒集团以水稻、玉米、大豆和马铃薯四大作物为核心，在数字种植技术领域发力，着重形成关键环节的核心模型算法，解决实际产业问题。在数字种植领域，北大荒集团在智能感知方面首先聚焦于耕地与土壤、气象与环境、作业管理和作物长势四方面核心指标识别模型算法的构建，其次聚焦于物联网设备的共创优化改良和成熟产品的筛选。在智能决策方面聚焦于耕、种、管、收四大环节决策模型算法的搭建。在智能执行方面聚焦于建立智慧装备体系，解决机脑分离、技术断层问题，为装备赋能，为农艺问题精细化、精准化执行提供工具和成熟产品的筛选。在智能服务方面聚焦于建立人机交互模式和云端技术服务，为用户提供便捷高效的服务。由此，北大荒集团形成高精准的智慧农业大脑，充分释放数字化发展的放大、叠加、倍增效应，抢占发展制高点，牢牢把握主动权。

北大荒集团具有组织化程度高、规模化特征突出、产业体系健全的现代农业发展基础。在广袤的土地上，北大荒集团紧紧围绕“三大一航母”建设思路，创新农业发展模式，推进全产业链条建设，以数字化、智能化发展引领现代农业发展，建设好大基地，培育好大企业，做强大产业，以数字农业产业化发展，带动中国农业转型升级，为实现高质量发展注入强大动力，为助力乡村振兴贡献力量。

科教兴国

我们要坚持教育优先发展、科技自立自强、人才引领驱动，加快建设教育强国、科技强国、人才强国，坚持为党育人、为国育才，全面提高人才自主培养质量，着力造就拔尖创新人才，聚天下英才而用之。

强化科技人才力量　扬龙江振兴之帆

党的二十大报告强调，要发展乡村特色产业，拓宽农民增收致富渠道。乡村振兴，关键在人。新型职业农民不仅要懂农业、有文化、技术高，更要具备管理和运营的能力和水平。提高农民能力素养，是现代化农业发展对人才提出的迫切需求，也是我国破解“三农”问题、提高农业农村劳动生产率、推动乡村振兴的关键举措。黑龙江省作为农业大省，新型农业发展需求更为突显。作为黑龙江省农业职业院校的一名普通教师，还记得入职之初，院领导曾深情寄语：“作为农职院校的教师，我们要坚守新时代‘知农爱农’的初心，担当起‘强农兴农’的使命，这也是学校坚持立德树人根本任务、强化人才培养的首要问题。”回首过往，我在职业教育的工作岗位上工作已逾十年。在这个普通又平凡的工作岗位上，我和同事们积极发挥农业职业教育在培养助力脱贫攻坚、服务乡村振兴的人才上具有的独特优势，将助力区域经济发展作为义不容辞的责任和担当，着力培养高素质技能型人才，补齐农业实用人才不足的短板，为促进现代农业发展谱写“农院篇章”。

黑龙江省作为农业大省，农业资源富集，地处世界三大黑土带之一，拥有众多自然生态资源，特别是我省的森林、湿地等资源丰富，农场面积广大，现有耕地2.579亿亩，农业人口人均耕地20多亩，位居全国首位，是中华“大粮仓”和国家粮食安全的“压舱石”，承载着保障国家粮食安全、探索农业创新发展和实现乡村振兴的重要使命。农业职业教育顺应时代发展需要，与农业产业和农村发展同频共振，在支撑国家战略和地方经济发展方面主动担当作为，全方位融入农业农村发展主战场，提供高质量的技术技能人才和技术支撑，既是我们义不容辞的职责，也是我们自身发展的需要。产教深度融合，院校、企业、地方协同发展是职业院校服务乡村振兴的根本途径。

一直以来，作为农业职业院校的教育人，我们坚持“立足乡村办学、倾心农业职业教育、零距离服务‘三农’”的办学宗旨，聚焦服务乡村产业振兴和人才振兴，积极打造服务乡村振兴的校企政协同发展共同体，不断破解校企、校校、校地“浅层单项”的合作瓶颈，在校企政协同发展共同体建设路径、人才供给模式、产学研合作平台建设等方面形成了范式，培养了一批批新型职业农民，打造了一支支职业化、高素质农民队伍，有效释放了职业农民致富带富的“火种”效应。

回首过去十年，我们坚持校地协同，共育人才，赋能乡村振兴。可以说，“谁来种地”和“乡村治理”两方面人才不足一直是乡村振兴面临的瓶颈问题。农民提升素养有着迫切的需求，针对于此，我们学院和市地合作开展了多期农村基层干部学历提升专班、农村实用人才学历教育班，并丰富合作形式，招收新型职业农民、农民工、下岗职工，对接地方对乡村振兴人才的需求，与区域特色的农业产业不断强化合作，在对农民进行技能培养和提升的基础上，紧密围绕一二三产业融合发展，创新探索了多门特色化农学类课程体系，开设乡村治理类、现代农业技术类、农业经营管理类等课程，按照“标准不降、模式多元、学制灵活”的要求，科学设计课程体系，规范运行管理，配备优秀班主任，关心关注农民大学生的思想动态，深入细致地做好服务。在我们耐心的帮助下，农民们的科学技术提升了，农业产量提高了，大家干活的精神头更足了！我们还有针对性地为大家配备了学业导师，指导其学习和生产实践，实行多维评价，探索学习成果积累与转换，强化“三农”情怀培育。记得有一次粮食大丰收，一位村支书激动地拉着我们的手说：“真的感谢咱们学校的专家们，为我们培养了一支留得住、干得好、带得动的专业队伍，让我们村受益，让我们每个人受益！”

回首过去十年，我们与区域行业企业融合发展，做强“科研、学术、服务”平台。还记得在乡村振兴战略背景下，面对农业现代化诉求，学院领导多次带专家深入调研，最后确定紧盯农业发展需要，打造现代农业技术服务的发展方向，着重在绿色食品分析、食用菌研究等方面与企业达成共建意向。这个研究发展方向是围绕区域农业产业发展需求确定的，因为在实际操作中，农产品的新品种研发至关重要。我们在积极探索新技术研发的基础上，结合区域实际，聚焦菌类等农产品全生产过程质量检测，开发研究菌糠循环利用、野生菌人工驯化栽培等，同时还受企业委托，积极开展相关农产品优质品种推广。

在服务“三农”的理念指导下，学校不断在校企共建生产性实训基地、虚拟仿真实训中心等平台建设上下功夫，为学生乃至区域农民打造了多功能的实训基地。在这里不仅能够开展教育教学、社会实践、技能培训，还可以体验到农产品加工和产供销全过程，学校相关科研平台已经成为服务农业链升级和区域产业提质增效的有效载体。特别是近几年，电商等形式成为促进经济发展新业态，电商助农成为服务“三农”的新亮点。我们也积极调整发展方向，打造了集培训、电商服务等功能于一体的生产性实训基地，展示地方优质山特产品、杂粮、蜂产品等 60 多个品种，真岗实战培养高素质技术技能人才，得到了基层广泛好评和认可，我们身为一员，与有荣焉！

路的尽头还有路，山的那边还是山。当前，解决好“三农”问题仍然是国家治理的重中之重，服务“三农”工作依然任重道远。习近平总书记在党的二十大报告中强调，“全面推进乡村振兴”“坚持农业农村优先发展，坚持城乡融合发展，畅通城乡要素流动”“扎实推动乡村产业、人才、文化、生态、组织振兴”。这是党中央着眼第二个百年奋斗目标导向和农业农村短板的问题导向作出的战略安排，让我们进一步明晰了深化农业农村改革发展的方向和路径，也为我们教育工作者深化农职教育发展指明了服务方向、改革方向和升级指南。

迈向新征程，我们定将认真学习领悟党的二十大精神，深入推进新时代党的建设新的伟大工程，推动农业职业教育“十四五”高质量发展。作为年轻的农职人，我们将脚踏实地，学习学院里老一辈专家胸怀龙江大粮仓、情系龙江大农业，几十年如一日，专注于田畴，足迹遍大地的精神，组成服务“三农”工作的“工作队”，用我们的科技人才做支撑，让这片土地上众多的农民朋友成为受益者，形成科研活动在田间、成果进农家的鲜明特色，真正把论文写在龙江的大地上，写在农民朋友的心坎上。

新时代新征程，我们将围绕校企政共同体建设开展系统化研究，理论奠基，统筹推进。党的二十大报告指出，全面建设社会主义现代化国家，最艰巨最繁重的任务依然在农村。要促进农业和农村经济发展，关键在于科技进步，核心在于提升农民素质和科学文化水平。其中，要充分发挥教育服务功能，加速科技成果转化，以高教和职教力量促进农业科技含量提高。作为农职学院，产学研、农科教结合一直是我们工作的重点，推动现代化农村产业发展，健全科技承包和科技推广制度，加快科学技术推广应用任重道远。我们在农村实践考察发现，地膜覆盖、种子工程、病虫害防治以及农村沼气等技术是农民们迫切需要的，加快这些农业适用技术在农村的推广应用将对农业实现低能耗、低污染、低排放为基础的低碳农业经济产生巨大影响。当前发展无公害农业和绿色有机农业是农业发展趋势，如何高效整合人力和资源，最大限度产生价值是我们要深入思考的问题。因此，探索建立高新农业科技试点县区，通过示范区和试点区建设，发挥辐射作用，提高农业科技推广应用整体水平将是我们未来科研的重点。

服务乡村产业振兴和人才振兴，重点是要聚焦解决服务乡村振兴路径不清、合作载体和机制不健全、人才供需脱节、合作不紧密等问题。2023 年，我们省与教育部正式签署了《教育部黑龙江省人民政府战略合作协议》，下一步，我们将以现代农村职业教育改革试验区项目为牵动，建立系统化课题群，细化校企合作机制、校校合作机制、集团化运行机制、农科教结合、校地共建、校企政协同育人模式、中高职贯通合作模式、双师团队建设机制等八个维度研究，同时整体设计，试点实施，积极争取建立国家级乃至国际级农业人才培养试点和创新创业人才培养模式改革试点等，推动形成校企政建设系列实践成果，取得高质量研究成果和显著实践成效。

新时代新征程，我们将创新农学结合、育训并举人才供给模式，打破人才供需难题。新时代要求我们坚持大局观，要跳出“学院”办农职，基于产业链、专业链、技术链、人才链深度融合的视角，拓宽服务乡村振兴的校企政共同体建设新思路。充分探索“大学校区、科技园区、公共社区”三区融合；构建“农职 + 农场 + 农企 + 农协 + 农户”共同体，实现联动发展；

建立“人才共育、资源共享、过程共管、成果共用、多方共赢”的产学合作机制，从人才培养、科技研发、技术服务、文化传承四个维度融入，在为地方服务中寻求院校良性发展。也正源于此，未来农职教育的路将会越走越宽。

一方面，我们将基于乡村农业产业需求驱动组建涉农专业群，实现专业群随产业群优化升级。基于服务国家粮食安全和实施乡村振兴战略，加快推进农林牧渔结合、种养加一体、一二三产业融合发展，在结合龙江农业实际基础上，完善生产、加工、经营等农业产供销一体化链条，在推动现代产业发展过程中，聚焦现代农业、现代畜牧等专业群，新增农业经济贸易以及农业信息技术等新的专业集群，在科研基础上，真正服务农村，实现农产品从田间到餐桌，并与产业链相匹配的发展途径，培养出不只懂农业、爱农村、爱农民，同时在科学技术、经营管理方面也有突出表现的复合型人才。农职院校要积极服务龙江粮食“压舱石”战略，壮大我省现代畜牧产业，更要在推动“六个龙江”建设、服务“粮头食尾”“农头工尾”战略中，研究建设相关数字化产业集群，不断促进农业经济贸易发展，形成满足现代化需求的、与农业产业体系相匹配的科研教学体系。

另一方面，我们将依托技术升级建立专业优化调整机制，实现专业紧跟产业优化升级。其中，我们会围绕技术进步和互联网+牵动，做好专业调整、优化、升级，在未来五年着力新增大数据技术与应用、物联网应用技术、金融管理、健康管理等专业，建立专业群动态调整和多元协同机制，促进专业间融合发展和共建共享，推动专业群的可持续发展。同时，学院还将基于核心岗位要求构建模块化课程体系，实现培养内容优化升级，优化课程体系，构建核心素养、专业基础、专业核心、专业拓展四类课程群，强化六大核心素养（人文底蕴、科学精神、学会学习、健康生活、责任担当、实践创新素质）；开设农业基础管理模块（乡村振兴专题、农村政策与法规、农业企业经营管理等）和农业ICT应用模块（农业物联网应用、农产品电子商务、农业大数据分析等）两个特色模块；升级传统专业，将无人机、物联网等新技术融入传统专业中，让传统专业焕发新活力；将农作物植保员、Web前端等职业资格和技能等级证书标准有机融入课程内容，实现培养内容与岗位要求有效匹配。

新时代新征程，我们农职教育人对未来发展也充满了期待和憧憬。我们要瞄准农业科技发展趋势，对接乡村振兴需要，以技术技能积累为纽带，遵循产业需要、创新驱动、共建共享原则，把握行企需求的立足点、科技创新的关键点、多方协作的基本点、人才培养的根本点，融合技术创新、产品研发、决策咨询、技术服务、技术培训、创新创业教育和人才培养七种功能，建设三类农业技术平台，形成产业学院人才培养与农业应用技术创新平台建设模式、农业产业产教融合平台建设模式和协同创新中心技术技能服务平台建设模式，建成农业技术技能积累的集聚地，为乡村产业振兴积蓄新动能。

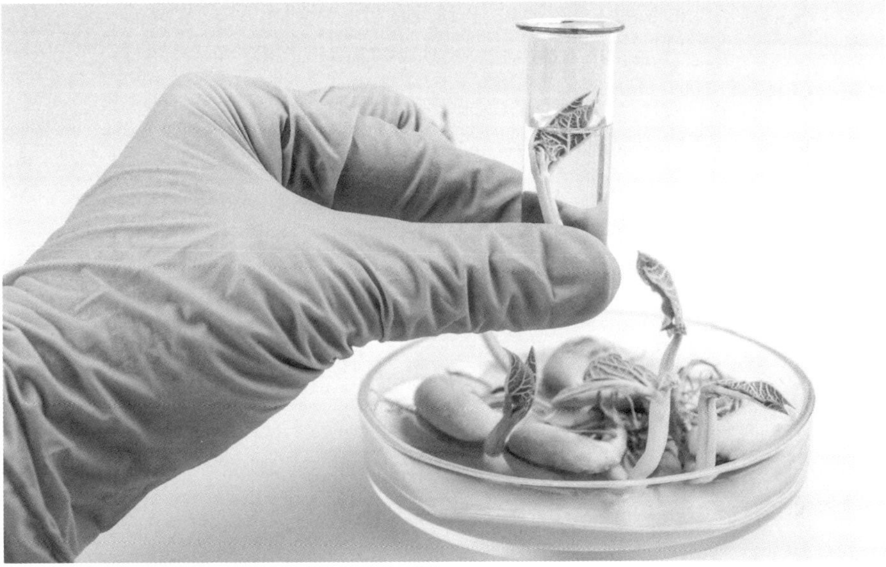

未来新型职业农民培育学院、电商学院等平台具有广阔空间，依托这些平台和载体，可以孕育孵化更多现代农业、畜牧业、绿色食品等项目的科技创新团队，更好更快地促进农业创新成果与核心技术产业化，进而不断促进我省中小微企业加大技术研发和产品升级改造力度；特别是依托与企业创新合作发展，共建生产性实训基地或产业发展综合试验站，相信必将更好地服务乡村振兴和农业转型升级。按照我校“十四五”发展规划，

未来还将侧重在发展现代农业技术、加大对食用菌等绿色食品的分析检测方面下功夫，加大协同创新中心建设，打造一批现代农业名师工作室，加快技术成果转化和推广，从而不断增强服务经济发展和产业升级能力。

巍巍青山，点点黑土，见证着学院科技专家奋斗的足迹和执着的追求。在新时代新征程上，我们正在贡献自己的力量，我们将把习近平新时代中国特色社会主义思想、社会主义核心价值观充分融入学校教育教学和新时代农业人才培养的全过程，继续扎实推进粮食安全、乡村振兴和现代农业科技、绿色生态科技教育，苦干、实干、加油干，努力培养出一批又一批投身于农业现代化、服务乡村振兴的高素质农业技术人才。“长风破浪会有时，直挂云帆济沧海”，新的时代、新的征程，农业职业院校必将如同一艘冲破浅滩的帆轮，载着农民朋友奔向富庶的彼岸！

扬科技之帆 培时代新人

党的二十大报告指出："教育、科技、人才是全面建设社会主义现代化国家的基础性、战略性支撑。必须坚持科技是第一生产力、人才是第一资源、创新是第一动力。""要加快建设高质量教育体系，发展素质教育，促进教育公平。"多年来，马家沟小学一直以"走近科学，学会创造"为办学特色，以"科技强校，内涵发展"为办学路径，坚持以科技教育引领学校发展，将"鼓励学生善于发现，善于想象，学习有创意的生活"作为教育追求。

《中国教育现代化2035》提出推进教育现代化，要坚定实施科教兴国战略、人才强国战略。近年来，随着"创客"等概念的提出，我们也深刻认识到，教育改革与教育现代化势在必行。创客教育为学生提供实现创意想法和大胆自由创造的学习场，倡导合作探究、相互学习、分享成果。创客教育贴近现实生活，在体验中，让学生解决生活中的实际问题。创客教育集创新教育、体验教育、项目学习等思想于一体，契合了学生富有好奇心和创造力的天性。为了将这种新的教学创意转化为教学现实，马家沟小学深化科技办学特色，开展创客教育，着力培养“有理想、有本领、有担当”的时代新人。

近年来，马家沟小学引入创客教育理念，建立了符合校情的创客教育模式，将新技术、新思想融入其中，在实际工作中，以先进设备为保障，以队伍建设为依托，以课程改革为驱动，以创客活动为平台，以科学研究为引领，以多元评价为促进，以家校共育为推动，开展多形式、常态化的创客教育。

创客教育工作的有效开展必须以完备的基础设施为前提。学校通过“一网”“一板”“两平台”建设，优化创客教育基

础环境，逐步构建与学校创客教育发展目标相适应的教育信息化体系，着力满足学生个性化学习需求。

“一网”是指学校打造信息化、网络化的教与学应用基础环境，建立标准的网络中心，接入百兆光纤，无线网络覆盖全校各功能室，并且每间教室都配备了多媒体设备。

“一板”是指“交互式智慧黑板”，即把普通黑板与电子白板有机融合于一体，为学生带来更具活力、更具实效的课堂教学。有效的信息化手段，不但增强了课堂的趣味性，而且大大提高了课堂效率。

“两平台”是指为学生提供学习资源和作品分享的马家沟小学创客教育平台及校园电视台。

本着“尊重学生差异、提供学习资源”的原则，学校积极搭建“两平台”之一的创客教育平台。创客教育平台最吸引学生的是可以将自己的作品上传，这样不仅可以丰富平台上的学习资源，而且可以让学生与伙伴相互交流、共同进步。

我国首届全民阅读大会于 2022 年 4 月 23 日在北京开幕，习近平总书记“希望孩子们养成阅读习惯，快乐阅读，健康成长；希望全社会都参与到阅读中来，形成爱读书、读好书、善读书的浓厚氛围”。马家沟小学牢记习近平总书记的嘱托，每年以读书节为契机，在创客教育平台开设“向你推荐一本书”

栏目，鼓励学生由课内阅读走向课外阅读，在推荐的过程中不仅巩固了读书成果，而且锻炼了学生的语言表达能力。与此同时，学校还在平台设立了“马小美文”栏目，让学生将读书的感悟通过文字表达出来，阅读与写作并进。迄今为止，创客教育平台推送的“向你推荐一本书”栏目已有28期，“马小美文”已有100期。

此外，学校还动员家长积极参与亲子游戏、亲子阅读等创客教育平台活动。创客教育平台成了教育文化传播者、学生成长记录者、家校联络沟通者，它的建设应用对构建新型教育教学方式起到重要的补充作用。

“两平台”的另一个平台就是校园电视台。学校的升旗校会和大型活动都会通过校园电视台进行直播，比如古诗词诵读展示活动和以“巧手造红船，童心永向党”为主题的校园科技节活动。通过校园电视台，同学们在教室内就可以欣赏到各班的创意作品，更好地激发了学生的创作欲望和创新素养，极大丰富了师生互学共进的育人方式。

创客教育要培养勇于创新的“创客”，努力激发学生的问题意识，塑造学生的创客思维。习近平总书记曾说，广大教师是打造中华民族“梦之队”的筑梦人。马家沟小学狠抓创客教师团队建设，以信息技术学科教师为学校创客教师培训核心，提升教师的创客教育智慧及现代化信息技术的应用水平；支持教师参加信息技术名师工作室，发挥名师引领和辐射作用，增强全员创客教育意识，提高创客教学水平；加大投入，创立青少年 STEAM 创客实验基地。通过系列的创客教育理念普及、创客实践操作，教师们提高了认识，转变了观念，助力学校创客工作发展。

创客教育的主阵地是课堂。本着人人学会编程的理念，根据《教育信息化 2.0 行动计划》部署，在哈尔滨市南岗区教育局、哈尔滨市南岗区进修学校及信息教研员的引领下，我校信息技术教师搜集了大量的相关资料，并将资料进行分类整理，根据不同年级的教学特点对课程进行重组与优化，在一、二年级补充“初级科技小制作 + 乐高世界”课程，主要培养学生将创意变成现实的创客思维能力；在三年级补充“Scratch”课程，主要培养学生缜密的编程思维和工程思维；在四、五年级补充“科技制作 + 机械智造”课程，通过学习让学生了解机械原理、编程逻辑、硬件结构、功能与应用等方面的基础知识，培养学生的深度创造能力和动手能力。

创客教育并不只在信息技术学科上进行，在数学、科学、综合实践等课程中也要把创客意识培养有计划地融入，使学生把文化课知识在生动有趣的活动中融会贯通。比如，在综合实践课上，老师直播与学生拧螺丝比赛，让学生明确拧螺丝的方法，使劳动实践过程直观形象。

为了满足不同学生的需求，学校又将校本课程扩展出启蒙创客课程以及阶梯型创客课程，让学生享受到创客教育带来的学习乐趣，助力学生个性发展。同时，学校组成由科学、信息、音乐等学科教师共同参与的校本课程研发团队，不断完善以“走近学科，学会创造”为主题的创客课程。比如，低年级学生通过看一看、动一动、想一想、说一说等，初步了解与周围常见事物有关的浅显的科学知识。中年级主要通过小组合作探究实验过程，观察实验结果，使学生自主发现科学道理，培养学生良好的科学思维习惯。高年级主要通过实验探究、科技制作、调查研究等，使学生能自己发现问题、提出问题，并能用已有的知识经验对问题进行解答，形成大胆想象、尊重科学、敢于创新的科学态度和精神品质。

有了创客教育基础，学校又积极组织创客社团，开展社团活动，在原有 7 大类 40 余个学生社团的基础上，创造条件为社团开发创客课程，先后开发了机器人编程、乐高、科学奇妙宫、无人机、速叠杯、马球、3D 打印、科技种植等选修课程，开展个性化教育。这些创客社团从组建至今已成为校园内汇聚创意的场所，备受学生喜欢。

同时，学校又以各级各类大赛为牵动，在创客社团中选拔出创新能力特别强的学生进一步培训。2019 年，学校购置了 10 套“SuperJoint”机器人，创立了青少年 STEAM 创客实验基地，给学有余力、学有专长的学生提供更大的发展空间。学生在操作实践中逐渐从知识的学习者转变为知识的创造者，多名学生参加竞赛获奖。

为培养学生的科技创新能力，学校还积极开展校园科技活动和社会实践活动，引导学生了解科学知识，掌握科学方法。通过设立科学博览专栏，呈现一些科学家的事迹及成就，向学生介绍各种有趣的科学发现及重大科技发展等。通过科学小故事，潜移默化地告诉学生，发明创造不等于高智商，也不等于高能力，可能一个很小的诀窍、很小的实验，就是一个巨大的发明，每个人都有可能成为发明家。

陶行知先生曾说："不运用社会的力量，便是无能的教育；不了解社会的需求，便是盲目的教育。"学校不断开发和利用社会资源，使科技与社会、家庭教育紧密结合。学生们带着问题去科技馆，带着思考去规划馆，带着对航天员的崇敬和对航天的憧憬去参观工业大学重点实验室，等等。丰富多彩的社会实践活动，开阔了学生的视野。

苏霍姆林斯基曾说："如果你想让教师的劳动能够给教师带来乐趣，使天天上课不至于变成一种单调乏味的义务，那你就应当引导每一位教师走上从事研究这条幸福的道路上来。"学校以科研为引领，设立创客教育的实验项目，进一步推动创客教育发展。

如今，学校创客教育研究已经经历了三个阶段。最初是把信息技术简单融入课堂，通过图片、视频等简单手段，丰富学科教学的 1.0 创客课程版本。通过一段时间的研究与反思，我们觉得这样的创客课堂需要升级，就创建了创客教育资源库，教师将优质教学设计、PPT、微课等资源包上传至资源库，供大家学习借鉴。教师运用课前小程序调研、课上使用西沃课堂助手等方式，升级学科整合的 2.0 创客课程版本。如今，随着对课题的深入研究和先进教学设备的加入，已经初步形成了课堂教学模式的 3.0 创客课程。接下来我们还会以课题为依托，继续深入研究创客教育的教学模式。

根据信息技术 2.0 计划，教师们对学生的评价方式进行了探索。档案可以帮助教师更深入地记录学生的学习情况。传统的纸质档案是直观的，而电子档案则更有效，教师可帮助学生将照片和项目视频等数字作品存储起来。教师为每一位学生生成专属的电子档案，及时将学生的学业成绩、学习成果等上传，让学生、家长能够直观了解和感知学生的每一次成长。而且教师可随时一键生成个性化、具有指导性的学生评语，为教师期末综合素质评价积累素材。

随着一些简单易操作的小程序的应用，教师可以随时记录学生的学习过程，提高了教师的工作效率，促进了家校更好地沟通。

通过一段时间的研究与实践，教师们纷纷发现，通过创客教育，孩子们的动手动脑能力得到了提升，自学能力、自信表达、团队意识、创新能力等得到了跨越式发展。

如今，马家沟小学创客教育蓬勃发展，已有多位教师走上国家、省、市、区级讲台，参加信息技术与教学融合大赛，荣获各级奖项。已有多名学生在国际、国内科技竞赛中获奖，有两名学生被评为中国少年科学院“小院士”，学生发明的“刮风下雨自动关窗装置”还获得了国际发明展览会金奖。

在我们大力推进创客教育的同时，学校连续多年荣获哈尔滨市计算机比赛小学团体总分第一名，获得省、市车模、航模比赛团体冠军，被授予黑龙江省科技活动示范学校。学校还荣获了第三届中国青少年创意大赛团体一等奖，在哈尔滨市中小学信息技术综合比赛、哈尔滨市赛区信息技术创新与实践活动 NOC 比赛、南岗区中小学信息综合竞赛中均获得奖项。在 2019 年哈尔滨市信息技术创新与实践活动 NOC 比赛中，学校有 20 余名学生、5 位优秀指导教师获奖。学校创客教育工作的开展，促进了师生的成长和学校的发展。

习近平总书记强调："必须把教育事业放在优先位置，深化教育改革，加快教育现代化，办好人民满意的教育。"回首过去，我们鼓励教师在教育、教学工作中推陈出新，不断改进传统课堂教学模式，丰富学生掌握知识的路径，提升学生的学习能力。经过多年的尝试，我们体会到：创客教育能牵动教师用高效的手段提高课堂效率，让课堂变得生动；创客教育能带动学生用灵活的思维，提高学习质量，让学习变得主动；创客教育能推动学校用先进的理念，提高办学品质，让学校变得灵动。

十年树木，百年树人。小学阶段是人才成长的启蒙阶段，我们要让校园成为培植人才的沃土，成为人才的引路人，成为人才的孵化场。今后，学校将继续开展丰富多彩的创客主题教育，健全管理机制，完善硬件设施，发挥网络优势，激发教师潜能，探索育人模式，深化科技特色，提高信息素养。锚定未来，坚持发展，为党育人，为国育才，努力将学校创办为让学生敬畏生命、彼此尊重、自主创新的学习与成长社区。将最强的改革、最好的资源、最暖的关怀给予学生，努力打造学校用心、家长放心、学生舒心的现代化优质学校，继续探索教育信息化、教育现代化的发展之路。

强化生态文明教育
营造浓厚生态文化氛围

习近平总书记在中共中央政治局第二十九次集体学习时指出，“十四五”时期，我国生态文明建设进入了以降碳为重点战略方向、推动减污降碳协同增效、促进经济社会发展全面绿色转型、实现生态环境质量改善由量变到质变的关键时期。强调保持生态文明建设战略定力，努力建设人与自然和谐共生的现代化。党的十八大以来，我国提出了经济社会发展“五位一体”总体战略布局，把生态文明建设作为经济建设、政治建设、文化建设、社会建设的基础，摆在全局工作的突出位置，开展了一系列治理山水林田湖草沙工作，比如污染防治攻坚战、蓝天保卫战等，旨在满足人民日益增长的对优美生态环境的需要，有效彰显出党中央坚持以人民为中心的发展思想。党的二十大报告更是明确指出促进人与自然和谐共生是中国式现代化的本质要求之一，提出“尊重自然、顺应自然、保护自然，是全面建设社会主义现代化国家的内在要求”，强调站在人与自然和谐共生的高度谋划发展，这充分体现出习近平新时代中国特色社会主义思想对马克思主义自然观和生态观的继承与创新，构成了中国式现代化的重要物质内涵和精神内涵。

教育担负培养社会主义现代化建设者和接班人的神圣使命。作为教育工作者，一直以来，我无比自豪自己投身于教育事业，能够有机会在本职岗位上主动作为，提高人才培养质量，在自身增强“四个意识”、坚定“四个自信”的同时，在教育教学工作中不断融入节约意识、环保意识和生态意识，传播倡导简约、绿色、低碳的生活方式，鼓励和带领学生们在“把建设美丽中国转化为全体人民自觉行动”上持续发力、贡献力量。

近年来，在教育人的不懈努力下，不论是基础教育阶段还是高等教育阶段，生态文明教育一直持续深化，生态文化氛围日趋浓厚。还记得几年前，倡导生态文化观念刚刚起步，很多中小学和高校在如何进行生态教育方面都摸不着头脑，大家纷纷向有相关专业研究的高校“求助”，并利用几年时间大力探索发展途径。在政策指导下，在相关专家和学者们的带领下，大家付出了巨大的艰辛和努力，取得了可喜的成绩，特别是高校以“基础研究与应用结合”的科学方法为指导，以固体废物“减量化、资源化、无害化”为原则，为有效控制日益严重的环境污染和资源循环利用提供了坚实的理论支撑与技术储备，促进了社会生态文明建设和经济可持续健康发展；有的学校还设立了污泥处置与资源化技术研究的国家级和省级实验室，对城市污水污泥高温热解以及相关的清洁产电技术和装备进行深入研究；有的学校开展了对有机废弃物如何进行一体化梯级生物处理与协同的相关产能技术研究，基于秸秆、厨余垃圾等典型废弃物的生物降解特性，发明了多型一体化厌氧-好氧梯级生物处理装置，有效实现了有机废弃物高效降解及资源化回收利用。

在服务地方方面，高校依托专业研发平台开展了生物质秸秆的转化和利用研究，包括作为制备和生产人造板、复合板材的原材料直接利用，制备燃料乙醇，制备木陶瓷材料、生物质复合材料、生物质胶黏剂、生物质改性剂等，利用生物质秸秆纸浆热压成型制备模塑包装材料，制备超疏水超亲油材料等方面的研究。这种用秸秆规模化生产清洁燃油联产炭、热、沼、有机菌果蔬高新循环经济技术，历经17年的研究和发展，已经完成了产业化放大、工业化生产、产品工业化应用实验阶段，目前可提供年产10000吨、7500吨和5000吨清洁燃油成套生产装置技术和装置产品，可为用户提供2000KW生物燃油燃烧装置（用于锅炉、发电、供暖、水泥烧制、陶瓷烧制、玻璃烧制、沥青搅拌供热生产、有色冶金冶炼用热等行业）。

回顾过往，皆为序章，习近平总书记在学习贯彻党的二十大精神研讨班开班式上的重要讲话和关于能力作风建设的重要论述，要求我们聚焦提能力、转作风、抓落实，要把工作向下延伸，决不能将生态文明教育仅仅局限在实验室和学校内，而是要求我们在推进产教融合上持续发力，真正让科学技术研究成果服务区域经济社会发展；决不能只针对高校的学生群体，更要将中小学文化建设的成果应用提升到“生态成长、绿色发展”的高度，不断探索育人新模式，在全社会营造浓厚的生态文化宣教氛围。

展望未来，我们要加强政策宣传力度。总结以往工作经验，在学校内加强对生态文明的宣传教育工作意义重大而且成效显著，我们可以探索将与生态文明相关的保护环境、开展垃圾分类等知识融入教育教学全过程，纳入教材读物内容，在内容传导上与学科教学内容相结合，促进生态文明教育在学科教育开展的长效机制。

一方面要充分发挥课堂主渠道作用。要想将生态文明教育充分融入教材和课堂教学内容，首先就要将其教育内容纳入学校的课程教育体系，可以在学校组织开展包括生活垃圾分类知识、城市生活垃圾研究等方面的生态环保教育和综合实践课程，让学生通过收集资料、设计方案，养成垃圾分类的自觉性和好习惯，确保生态文明教育进教材、进课堂、进学生头脑。

另一方面要拓展立体化宣传教育途径。以我们“五色教育”中的绿色生态文明教育为载体，让学生了解我省的大森林、大湿地、大届江等独特自然环境，理解大气、土壤、水等自然资源的宝贵，树立尊重自然、顺应自然、保护自然的环保意识。开展粮食、森林、矿藏、冰雪等基本省情教育，认识我省在国家发展战略中的重要地位和作用，引导学生牢固树立可持续发展理念，以建设山清水秀的家乡、建设美丽中国的目标激发学生学习的热情。

另外，我们还要扎实开展绿色学校创建行动。将开展包括垃圾分类、节约资源、环境保护等相关知识的生态文明教育和绿色校园文化的培育作为绿色学校创建的重要内容，推动高校通过课堂教学、主题宣传活动、社会实践等方式，促进师生掌握生态文明知识、提升生态文明意识、提高生态文明素养，让我们的学生感受绿色，感受自然，主动积极参与生态文明建设。

展望未来，我们还要开展常态化的实践体验。要不断丰富活动载体，持续开展“垃圾分类从我做起”主题教育、制发倡议书、“保环小卫士”“文明小公民”评选等活动，从小抓起，掌握相关知识，引导学生明白垃圾分类的重要性；开展“文明习惯养成”活动，在活动中倡导鼓励学生参与废物回收，自主创新，推广垃圾分类、废物利用的科技发明、短视频制作等活动，以活动激发学生兴趣，让学生从小就养成垃圾分类的好习惯；同时加强家校社协同合作，发挥“小手拉大手”的作用，通过学校、家庭和社区三结合，带动家长形成环保意识，在每个家庭、在全社会都营造爱护环境、绿色环保的良好氛围，通过社会实践和各项主题活动，引导学生主动参与到垃圾分类教育活动中。让各学校组建社团或志愿者团队，组织学生参加各种涉及垃圾分类或者环保主题的综合实践活动，让学生能够深入其中，沉浸式体验环保的乐趣，有所学习、有所实践、有所收获。比如有的学校组织学生志愿队探索开展生活垃圾减量和分类投放相关实践活动，进一步强化环保的责任与义务，动员广大师生加入垃圾分类公益活动中；还有的学校在校园活动组织中与所在社区联合，经常性地开展一些环保知识讲座，通过知识宣讲进校园活动强化宣教成果。此外，我们还鼓励各市地学习黑河市为“垃圾分类”宣传小志愿者设计制作红色绶带，鼓励学生广泛参与垃圾分类活动；宣传推广双鸭山市中小学实行的积分制进行垃圾分类回收的做法，学校可以结合实际，组织学生开展可回收垃圾回收等社会实践活动，定期统计并对工作进行总结，引导学生做好垃圾分类。

展望未来，我们更要组织专业化的科学研究。我们要结合实际，探索开展秸秆板生产工艺及其生产设备研究，涉及机械工程、环保新材料领域。比如近年来，黑龙江八一农垦大学依托黑龙江省寒区环境微生物研究利用实验室，以及省秸秆资源利用技术研究中心等平台开展了以作物秸秆、农产品加工废弃物等农业废弃物为主要对象的生态循环农业关键技术攻关。“低温快速有机物分解菌剂”“寒区畜禽粪便生物处理及生物有机肥关键技术研究”在黑龙江进行了推广示范，年处理粪便2万立方米，生物有机肥推广面积超过20万亩，创造经济效益超过1500万元/年。“寒区能量平衡型沼气发酵技术与装备工程示范”的研究成果在全省广泛推广应用，总计年处理牛粪25000吨，生产沼气43万立方米，供380户农民燃气，解决了农村能源问题，治理了环境污染。依托黑龙江省秸秆资源化利用工程技术研究中心开展的秸秆肥料化、饲料化、能源化和基料化（四化）利用相关技术和产品研发，以肥料化（一体）利用为主体和归宿，同时在秸秆精量直接还田（一技）的基础上，打造了高效增值的多元组配的秸秆循环利用生态农业模式。学校推广自主创新研发的四项代表性技术分别与黑龙江省农垦总局、中节能绿碳（宝泉岭农垦）环保有限公司、黑龙江阿骨羊牧业有限公司、黑龙江省蓬勃牧草有限公司，以及大庆设施园艺研究院合作进行示范推广。还有东北农业大学在黑土保护与改良、黑土修复与可持续利用方面研究利用畜禽粪便与高效除草剂降解菌成功研发形成的具有“肥药”一体化特点的多功能微生物菌剂，通过农田原位应用实现了污染土壤修复与作物促生的双重作用。

近年来，在专家的带领下，高校在秸秆资源化利用和粪污处理方面研究构建了秸秆炭化、炭基肥研发及循环农业模式，进行了秸秆炭化工艺优化、炭基有机肥、复混肥、土壤改良剂等产品和应用技术研发，研究了基于秸秆炭化技术的畜禽粪污生态化处理工程技术，实现了除臭、减少氮排放和好氧堆肥方面的技术突破。系列炭基肥在黑龙江省应用面积累计 2 万亩，在五常市等地研发了有机水稻等作物的种植配套技术，畜禽粪污处理生态工程已经在 5 个养殖场进行推广示范，固体废弃物基质化研究已取得水稻旱育苗基质专利。这些生态文明成果的好经验、好做法为未来高等院校相关专业发展提供了思路，拓展了途径，特别是针对农业废弃物资源再利用，近年来，很多高校都成立了专项实验室在这方面深入开展研究。比如专家们利用发酵剂对玉米秸秆、水稻稻壳等农作物废弃物发酵，做到一季贮存秸秆，周年化生产大球盖菇，每处理 10 亩地秸秆可生产 1 亩地大球盖菇，农田栽培模式每平方米平均产大球盖菇 10 斤，室内或温室栽培每平方米可产大球盖菇 20—30 斤，同时，种植大球盖菇后的秸秆达到完全腐熟程度，可以直接作为肥料还田进行农作物种植，取得了良好的经济效益……

深入宣传贯彻落实党的二十大精神是我们教育人今后一个

时期的重要政治任务。悠悠黑土地蕴含的丰富生态资源，不仅是我们学校开展生态教育的教学资源，也是我们深化生态文化宣教的重要载体。下一步，将立足岗位，为推动我省生态文明教育发展尽一份力。作为普通教师，我们要向学生们认真讲授我省的大森林、大湿地、大届江等独特自然环境，使其理解大气、土壤、水等自然资源的宝贵，树立尊重、顺应、保护自然的环保意识。要继续推动垃圾分类工作深入开展，让学生在日常生活中养成勤俭节约、低碳环保的生活习惯，树立正确的绿色消费观，形成健康文明的生活方式，教育引导学生牢固树立“绿水青山就是金山银山”的可持续发展和生态文明理念，激发学生建设山清水秀的家乡、建设美丽中国的责任感和使命感。

在学科教学中，我们要构建生态文明教育体系。生态文明教育一直是学校德育教育的重要内容，我们要将其与劳动教育紧密结合，融入国家课程，挖掘整理出思政、语文、历史、数学、物理、化学、生物等多学科蕴含的生态文明知识清单。充分利用我省“人文与社会”“劳动与技术”等地方课程，开展对水、土地、大气、生物物种安全等内容的教育。要在学校综合实践中强化生态文明教育效果。组织学生真正地走进自然环境，参加研学实践活动，特别是在世界环境日、地球日等时间节点，以及植树节、劳动节等节日节点，鼓励学生积极参加垃圾分类、低碳生活、保护动植物等实践活动，举办演讲、征文、绘画、科技等主题比赛活动，将节能减排理念融入学生动手实践活动中。以“五色教育”中的蓝色高新科技教育为推动，以“科技改变生活，科技支持低碳生活”为切入点，培养学生创新实践能力，强化生态文明价值观。此外，我们还要在创建绿色学校中营造生态文明教育氛围，注重打造绿色生态、文明环保的校园文化氛围，栽花种草，绿化、美化校园，精心营造教室、楼廊等处的艺术文化氛围，在日常的教育教学中，普及推广生态文明知识；同时将学校生态文明实践从校内延伸到校外，从学校到家庭再到社区，建立家校合作机制，号召家长参与学校的生态文明教育活动，鼓励学生积极参加社区环保志愿活动。

生态文明建设任重道远，教育要坚持立德树人的根本任务，要促进学生全面发展、健康成长，这要求我们积极利用自然环境打造天然的育人“摇篮”，真正将每位学生都培养成生态文化建设的参与者和传播者，面对新时代新要求，我们有决心也有信心培养出合格的社会主义建设者和接班人！

素质教育的最美姿态——立德树人

古人云："敬教劝学，建国之大本；兴贤育才，为政之先务。"其中的含义是注重教育、培养人才是国家的头等大事。教育是国家进步和民族复兴的基石，在党中央领导下，我们的教育正在努力从"有学上"稳步迈向"上好学"，要想夯牢教育这块基石，必须着眼于素质教育。党的二十大，吹响了推进社会主义现代化教育体系、发展素质教育的号角，强调"全面贯彻党的教育方针，落实立德树人根本任务"。作为高校教师，我们深知发展好素质教育，应该高度重视课程建设。教师是落实立德树人根本任务的主要推动力量。作为教师的我们，既是社会主义教育政治方向的捍卫者，也是落实立德树人任务的实践者。

党的十八大以来，习近平总书记对教育建设作出的部署和科学安排，为高校建设新时代课程提供了方向指导。十年来，我们紧跟"建设中国特色"的时代步伐，围绕着"培养德智体美劳全面发展的社会主义建设者和接班人"这一宏伟目标，开展教学建设。为了坚持贯彻习近平新时代中国特色社会主义思想，学校教育科研部不断开会研讨，在教学理念与教学方式上进行改革和创新，在教学建设上一步一个脚印，在摸索中成长。十年过去了，学校在教学战略规划、学科建设等方面已经取得显著成就，整体呈现出良好的发展态势，为学校发展素质教育奠定了扎实的基础。

十年来，学校统一思想、统筹规划、科学谋划中长期战略，在教学建设上坚持选好教材、建设好教师队伍、改革教学方法、建立健全管理机制。

发展素质教育、保证教学质量的前提是教材。 教材是教师讲课的基本遵循。高质量的教材可以真正走进学生心灵，提高教学质量。十年来，我校为保证选用高质量、高水平的教材，在选教材的过程中做了不少努力，本着优中选优的原则，严格遵守规定，按照程序进行。首先，由我们任课教师开展讨论会，从省部级重点规划教材和高等院校精品课获奖教材中筛选，经过集体评估后最终选定上报，然后再由科研室主任审核，最后再由校长把最后一道关，如果审批通过就统一征订。严格的选用教材程序和教师负责的态度让更多优秀的教材走进课堂，通过书本向学生们传递正确的政治方向和价值导向，同时教学效果也有显著成效。

想要切实落实立德树人的根本任务，就需要将“德”贯穿到底，“德”的培养，需要我们引导和帮助学生提高思想境界，坚定政治信仰，树立正确的世界观、人生观、价值观。我们主要从三个方面对教师进行管理：第一，党的十八大以来，学校陆续聘请相关专家为教师开展关于“四史”教育的讲座，教师在安排好工作任务的前提下轮流参加讲座。数月内，“四史”教育在学校达到了全员覆盖。第二，学校通过常态化培训的方式提升教师素质。新入职教师上岗前必须经过岗前培训，新教师只有在完成学时并且通过考核的情况下才可以上岗任教，在职教师每两个月参与一次关于教学建设的培训。第三，学校无论是招聘教师、职称评选，还是日常考核、评优奖励等，都将师德师风作为首选标准和第一要求。提升教师综合素质、重视教师队伍建设，在立德树人的任务中起着不可替代的作用。

随着科学技术的进步，信息化教学成为教学方法改革创新的一大成果。我们学校采取线上课堂与线下课堂结合的授课方式，取得了不错的成果。学校将必修课设置成线下课与直播课结合的方式，并将一部分选修课设置成录播课的形式。在线下课上，教师和学生可以面对面交流，教师及时解答学生的困惑，学生沉浸在浓厚的学习氛围中；录播课则可暂停、可重播，遇到不懂的理论知识学生可以反复观看，也可以观看不同教师的课，不断更新知识，从多层次、多方面领悟学习内容；直播课方便教师随时关注学生的反馈，及时调整课堂的节奏和气氛。随着教学方法的不断优化，我们逐渐形成了科学化、综合化、多样化的教学体系。为区域经济发展提供了人才力量和智力支持。

十年来，我们不断在教学管理方面下功夫，完善各学科的评分机制，奖励优秀教师，激发教师的自主性和积极性；严肃查处违背师德的教师，建立健全师德违规通报曝光机制；完善

教师工作组织的管理体系，学校党委工作部在我们教师的思想政治工作和师德师风建设中起到了统筹作用。教学管理机制的健全让教学有了更坚实的组织保障，同时也加强了思想政治引领，贯彻落实了以树人为核心、以立德为根本的目标。

如今，在党的二十大上，习近平总书记以新时代中国特色社会主义思想为指引，从四个方面对我国的教育、科技、人才作出全面部署，擘画了建设全民终身学习的学习型社会、学习型大国的新蓝图，为教育建设的发展指明了前行的方向。党的二十大报告将教育、科技、人才整合在一起进行统一部署，将科教兴国、人才强国、创新驱动发展战略摆在一起进行科学谋划。在办好人民满意的教育方面：发展素质教育，落实立德树人根本任务，实现全员、全过程、全方位育人的前提是站在人民群众的立场上完善课程建设。用人民心中认同的党的科学理论武装师生，感召青年。当我们在给学生讲课时，坚持杜绝将党的理论知识一股脑儿灌输给学生的现象，我们会多举人民群众创造历史伟业的生动例子，将伟人的故事和理论相结合，总结人民群众在实践中的经验做法，把二十大精神更好地融入课堂。在完善科技创新体系方面：科技是第一生产力，同时也助力教育的改革。学校在课程建设中广泛地运用数字技术整合教学素材和资源，由技术人员建立全面立体的教学资源库。教师可以查到更广泛的学习资料，充分结合资源，用多样化的表现形式进行授课，在课堂上，通过音乐、纪录片、戏剧的方式向学生传递知识，带领学生与历史人物跨时空对话，让学生沉浸式体验当时的历史场景，更深入地理解党的科学理论。在加快实施创新驱动发展战略方面：创新离不开教育的助力，同时教育也少不了创新的推动。要想建设好课程，必须坚持守正和创新相统一的原则。学校大力推进全校课程的创新工作，致力于打造师生交流互联网平台、教学资源共享平台、优质课程资源供给平台。在深入实施人才强国战略方面，习近平总书记在会议中强调："培养造就大批德才兼备的高素质人才，是国家和民族长远发展大计。"人才是教育和科技进步革新的关键资源，没有人才，教育和科技难以发展。作为教师的我们，要树立育人育才统一的教育观念。我们要不断更新知识，树立价值创造、能力培养、知识传授融为一体的育人理念，不断提高学生的思想水平、政治觉悟、文化素养、道德品质，努力实现培养德才兼备的高素质人才的目标。

习近平总书记在2018年的全国教育大会上强调"培养什么人，是教育的首要问题"，在党的二十大报告中也明确指出"培养什么人、怎样培养人、为谁培养人是教育的根本问题"，我们必须抓住立德树人这个根本，培养和造就拥护中国共产党和中国特色社会主义制度的有用人才，这不仅是教育工作的根本任务，同时也是教育现代化的方向目标。我们在课上通过以德育人的价值引领，让青年学生用正确的价值观、科学的方法论不断成长。

党的二十大对教育方面的阐述，全面透彻、催人奋进，会议上很多创新理论，对于我们未来的教育建设有着不小的意义，很值得教育工作者仔细品味。对于我们来说，要踏踏实实地努力工作，在教育工作岗位上统筹兼顾，潜心治学，为国家培养高素质人才。

理念是实践的基础，教师有什么样的教学理念决定着其会教出什么样的学生。2021 年，习近平总书记在考察清华大学时强调“一流大学建设要坚持党的领导，坚持马克思主义指导地位”。在党的二十大胜利召开之际，学校组织各学院组建专门的思想政治课程授课班，组织教师集体备课，备课组根据“学习党的二十大思想理论”这一主题进行教学资源整理、知识点梳理、知识体系归纳，并对实施过程中可能会出现的问题进行专题讨论。我们应该精心设置教学内容，确定教学目标，让学生在听懂课的前提下更能听好课。作为教师，最重要的就是要将党的理论成果进行科学合理的转化，引导学生真正理解其核心理论和实践要求。学校认真贯彻落实“立德树人”的理念，邀请专家教授为全校教师开展贯彻落实二十大精神的讲座、讲堂等学术活动，并在全校范围内进行宣传和推广，引导教师统一思想，不断提升教育的引导力、传播力、影响力。2022年10月，受疫情影响，学生宿舍楼被封控，同学们十分担心。为保证学生可以按时吃上新鲜、安全的饭菜，校领导和教师选择坚守在抗疫前线，穿上隔离服，为学生们送去一日三餐。一个个穿梭的“大白”教师用行动诠释着“育人的根本在于立德”。

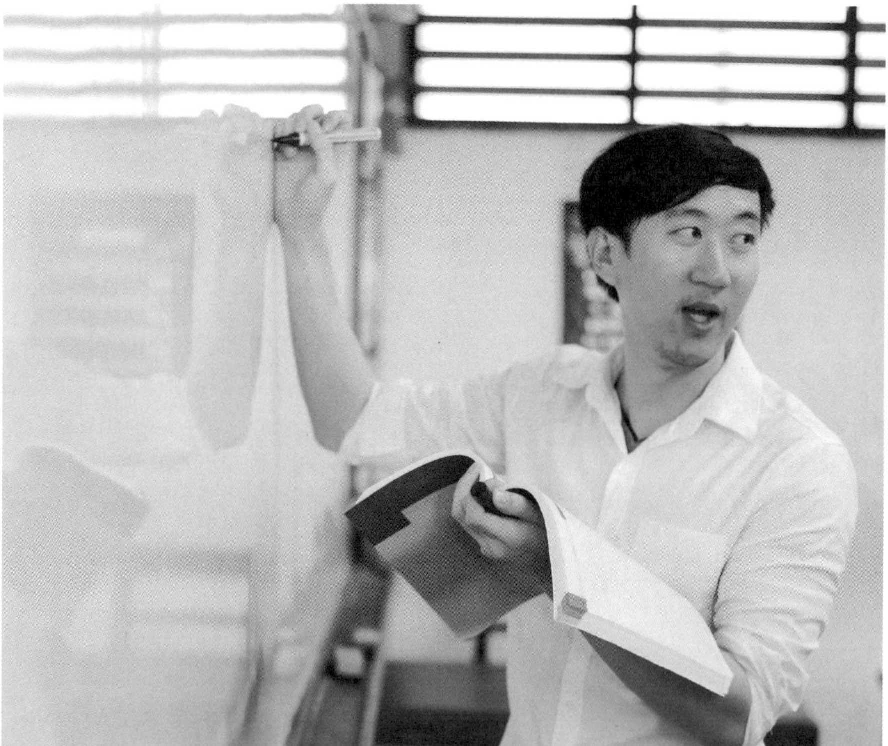

发展素质教育还需重视课堂质量。我们应该在传授知识的

同时引导学生将所学知识和技能转化为内在的品德和素养。在课堂上，我们积极回应同学们提出的问题和困惑，协调、解决问题；结合实际事例授课，将晦涩难懂的概念转化成学生更容易接受的理论知识，将红色文化、建党精神等通过讲述英雄模范事例的形式带入课堂中。为了优化课堂质量，提升教学能力，发挥优秀课堂的作用，学校开展了公开课示范活动，一共举办了 6 场公开课供大家观摩学习。活动开展期间，校领导和各科教师可以走进课堂参观。公开课结束后，教师之间相互分享、交流经验，在实践中成长。本次活动对我校教学质量的提升起到了推动作用，也为教师自主探索适合自身特点的课堂形式提供了范本。

要充分发挥教师立德树人的指引力，就要加强教师队伍的建设。学校通过培育本校优秀学生、引进外来人才、招录补录以及学校之间遴选等方式选拔高质量的教师。不断在提高教师个人素质方面下功夫，定期举办关于备课形式、教学能力提升、教学质量优化等方面的针对性培训，并通过专题研修、集体备课、实践考察、公开课竞赛等方式提升教师专业水平以及个人素养。同时，学校还建立干部、专家、学生等多层次的理论宣讲团队，开展多层次、对象化的学习宣讲交流。

在党的二十大会议上，习近平总书记提出了“推进教育数字化，建设全民终身学习的学习型社会、学习型大国”的战略。数字化走进教育，重塑教育形态和结构的形式势不可当。凭借数字技术的发展，构建新兴的数字化教育模式逐渐成为教育领域发展的方向之一。近年来，线上学习成为大学生主要的学习方式之一。微信公众号以及其他新媒体平台的出现为大学生学习提供了丰富的资源，比如抖音、知乎、网易公开课等学习平台，不仅丰富了学生的学习途径，也使学生更好地利用碎片化时间进行学习和提升。因此，我校未来还会应用更多的智能化教具、智慧教材，并且建立智慧教室、虚拟实验室，包括建立智能化教学环境实验室、VR 实验室等专业实验室，给学生提供沉浸式的学习体验。数字化思维和传统课堂的结合，既提高了学生学习知识的兴趣，又提高了教学水平和效率，为发展素质教育打下坚实的基础。

办好教育，作为教师的我们更要不忘初心，加强自身修养，努力做好学生政治思想和创新思维的领路人，不断提高人才培养质量，为全面建设社会主义现代化国家、实现中华民族伟大复兴的中国梦提供有力的人才支撑。教育引导学生树立远大抱负，为实现第二个百年奋斗目标贡献青春力量。

立德树人是办好人民满意的教育的根本任务。教师肩负着培养时代新人的崇高使命。作为高校教师，我们应充分运用和发挥学科优势，用马克思主义中国化的最新理论成果，点亮学生“理想的灯”，照亮学生“前行的路”，将“德”进行到底，让立德树人成为发展素质教育的“最美姿态”。

叁

民主法治

我们要坚持走中国特色社会主义法治道路，建设中国特色社会主义法治体系、建设社会主义法治国家，围绕保障和促进社会公平正义，坚持依法治国、依法执政、依法行政共同推进。

安全生产 依法为先

法治是守护安全生产的“保护伞”，更是安全生产的“高压线”。安全生产相关的法律法规指导生产企业和从业人员规范操作，法律明文规定的要严格执行，不踩红线，是告诫，是警示，更是守护。所以从某种角度我们也可以理解为，国家对法治的高度重视也是对安全发展的重视。

2022年10月，党的二十大在北京隆重召开，大会的主题是：“高举中国特色社会主义伟大旗帜，全面贯彻新时代中国特色社会主义思想，弘扬伟大建党精神，自信自强、守正创新，踔厉奋发、勇毅前行，为全面建设社会主义现代化国家、全面推进中华民族伟大复兴而团结奋斗。”全面建设社会主义现代化国家、全面推进中华民族伟大复兴则必须坚持全面依法治国，推进法治中国建设。党的二十大报告中用“坚持全面依法治国，推进法治中国建设”部署法治建设。报告指出，全面依法治国是国家治理的一场深刻革命，关系党执政兴国，关系人民幸福安康，关系党和国家长治久安。必须更好发挥法治固根本、稳预期、利长远的保障作用，在法治轨道上全面建设社会主义现代化国家。

2016年1月6日，习近平总书记在中共中央政治局常委会会议上对加强安全生产工作作出重要指示。会议强调必须坚定不移保障安全发展，狠抓安全生产责任制落实。要强化“党政同责、一岗双责、失职追责”，坚持以人为本、以民为本。这一指示精神让我们深刻认识到国家对安全生产的高度重视，问责机制更加完善。会议要求必须深化改革创新，加强和改进安全监督工作，强化开发区、工业园区、港区等功能区安全监管，举一反三，在标准制定、体制机制上认真考虑如何改革和完善。会议提出的第三点便是必须强化依法治理，用法治思维和法治手段解决安全生产问题，加快安全生产相关法律法规制定修订，加强安全生产监管执法，强化基层监管力量，着力提高安全生产法治化水平。会议提出的第四点是必须坚决遏制重特大事故频发势头，对易发重特大事故的行业领域采取风险分级管控、隐患排查治理双重预防性工作机制，推动安全生产关口前移，加强应急救援工作，最大限度减少人员伤亡和财产损失。此外，还必须加强基础建设，提升安全保障能力，硬件设施的完善为安全生产又增加了一层保障。

新时代新发展需要法治的不断完善，法治的不断完善守护着安全生产。强化安全生产理念，全面落实全员安全生产责任，在中国特色社会主义建设中尤为重要。2021 年 6 月 10 日，中华人民共和国主席令（第八十八号）决定，新的安全生产法自 2021 年 9 月 1 日起施行。新的《中华人民共和国安全生产法》（以下简称新《安全生产法》）修改内容主要有四十二条，新的内容更加严谨，使得安全生产的主体企业不敢不、不能不、不想不重视安全生产。

首先讲不敢不重视安全生产。新《安全生产法》中有一个非常重要的变化，即“安全生产工作应当以人为本，坚持人民至上、生命至上，把保护人民生命安全摆在首位，树牢安全发展理念，坚持安全第一、预防为主、综

合治理的方针，从源头上防范化解重大安全风险。安全生产工作实行管行业必须管安全、管业务必须管安全、管生产经营必须管安全，强化和落实生产经营单位主体责任与政府监管责任，建立生产经营单位负责、职工参与、政府监管、行业自律和社会监督的机制”。这一条款里释放出一个非常重要的信息，也是相较于之前的一个重要变化，即安全生产工作实行管行业必须管安全、管业务必须管安全、管生产经营必须管安全。同时还有一条修改内容为：“生产经营单位的主要负责人是本单位安全生产第一责任人，对本单位的安全生产工作全面负责。其他负责人对职责范围内的安全生产工作负责。”通过这两条变化可以看出，国家对安全生产立法管理的升级，从追责方面让安全生产企业不敢不重视安全。如果不重视安全生产，那么第一责任人就是主要负责人，其他所有管生产的、管业务的、管行业的领导也全部要担责。所以，各生产企业不敢不重视安全生产工作。

现在，各行各业均高度重视安全生产，守法用法，尤其是在危险化学品行业中，风险防范意识、安全生产意识必须扎根，采取的是“人防 + 技防 + 物防”三防合一的工作方法来监督检查企业的安全生产运营。在中国石油销售系统中，坐标呼和浩特市的大台加油站，在人防方面工作人员要每天早、中、晚各进行一次系统的安全巡检：从加油站入口到加油站出口，从现场到前台，从卫生间到库房，从设备到人员……所有人员需要持证上岗，上岗前所有人须进行有效的安全培训，培训合格后方可上岗。在技防方面加油站安装了高清监控、各类报警系统以及各类安全环保系统，同时制定了各类应急预案并进行演练培训，系统学习风险识别，防止安全生产事故发生。在物防方面加油站配备了干粉灭火器、泡沫灭火器、二氧化碳灭火器、灭火毯、铜质工具、防恐设备等。隐患排查是企业组织负责安全生产等人员依据法律法规、国家标准、行业标准和企业管理制度，采取一定的方式方法，对照法律法规、标准和企业管理制度的有效落实情况，对本单位的事故隐患进行排查的工作过程。各企业安全巡检的过程，就是隐患排查的过程。

安全生产不光需要企业主体重视，更需要行政监管单位有力度。国务院安全生

产委员会关于安全生产“十五条硬措施”中的前五条深深地将行政部门、监管单位、企业主体的安全责任绑在了一起，即严格落实地方党委安全生产责任、严格落实地方政府安全生产责任、严格落实部门安全监管责任、严肃追究领导责任和监管责任、企业主要负责人必须严格履行第一责任人责任。这些措施将责任落实阐述得非常明确，从不同层面、不同主体分别明确责任，所以各个方面、各个环节在安全生产工作方面都要高度重视，依法依规不打折扣。

其次讲不能不重视安全生产工作。安全生产关系国计民生，关系复兴伟业，任何企业和个人不重视安全生产都不会有好的结局。企业生产的目的是发展，安全生产是企业的第一效益，安全是1，没有安全的发展就不是发展。新《安全生产法》中规定，生产经营单位的主要负责人未履行本法规定的安全生产管理职责的，责令限期改正，处二万元以上五万元以下的罚款；逾期未改正的，处五万元以上十万元以下的罚款，责令生产经营单位停产停业整顿。新《安全生产法》补充的对应罚款项，将罚款作为并列条件，可见国家对安全生产给予了更进一步的重视，让企业不能不重视安全生产。新《安全生产法》中明确阐述：“生产经营单位的主要负责人未履行本法规定的安全生产管理职责，导致发生生产安全事故的，由应急管理部门依照下列规定处以罚款：（一）发生一般事故的，处上一年年收入百分之四十的罚款；（二）发生较大事故的，处上一年年收入百分之六十的罚款；（三）发生重大事故的，处上一年年收入百分之八十的罚款；（四）发生特别重大事故的，处上一年年收入百分之一百的罚款。”为减少事故发生，提高操作技能，各生产单位组织安全培训，成立劳模工作室、先锋突击队等，先进带后进，确保人员操作合规合法，提高安全操作技能，杜绝安全生产事故发生。

新《安全生产法》还规定，生产经营单位的其他负责人和安全生产管理人员未履行本法规定的安全生产管理职责的，责令限期改正，处一万元以上三万元以下的罚款；导致发生生产安全事故的，暂停或吊销其与安全生产有关的资格，并处上一年年收入百分之二十以上百分之五十以下的罚款；构成犯罪的，依照刑法有关规定追究刑事责任。由此可见，不讲安全的生产就是没有收益的生产，不讲安全的生产是违法违规的生产，所以不能不重视安全生产。

新《安全生产法》对行政部门也作了相关的要求。比如，国务院应急管理部门依照本法，对全国安全生产工作实施综合监督管理；县级以上地方各级人民政府应急管理部门依照本法，对本行政区域内安全生产工作实施综合监督管理。要求负有安全生产监督管理职责的部门建立安全生产违法行为信息库，对存在失信行为的生产经营单位及其有关从业人员采取加大执法检查频次、暂停项目审批等联合惩戒措施，同时向社会公示。

最后讲不想不重视安全生产。随着国家法治的不断完善，人们安全意识的不断提高，全社会的法治安全观念都在不断提升。从业人员的安全生产权利与义务也越发明确清晰。首先，员工对自身权益的保障也要求企业不得不重视生产。新《安全生产法》中对从业人员也有相应要求。从业人员是与安全生产最接近的人，在工作过程中应当严格落实岗位安全责任，遵守安全生产规章制度、操作规程，正确佩戴和使用防护用品。除此之外，各安全生产单位应加大安全生产培训力度，加大安全生产投资强度，加大安全生产检查频次，强化安全生产意识，确保安全生产平稳运行。各生产单位加大人、财、物在安全生产方面的投入，增强风险识别能力，强化预案演练，防患于未然。千“忽”才会有万“患”，上千次忽视安全生产，就会有上万个隐患的存在。一切安全生产事故都是可以防范的，只要全员、全过程、全方位重视安全生产便可实现。其次，生产经营单位从事生产的目的是盈利，如果企业想正常运转就必须加大对安全生产的重视，必须遵规守纪，在安全生产相关法律的保障和指导下从事安全生产作业。行政单位的安全监管是保障企业安全生产的重要手段，是国家行政部门职能的体现。职工个人重视安全，因为每个人的背后都是一个家庭；企业重视安全，因为企业想发展壮大；国家重视安全，因为安全生产才是真正意义上的生产，才是保障老百姓生命安全的生产。而这一切都是在法制健全的基础上执行的，是在法治发展的基础上运行的，是在法治深入人心、深入企业的基础上完成的。

安全生产中最重要的因素是“人”。只要规范操作，合理安排，安全生产事故就会敬而远之。多少个鲜活的生命因为违规操作而失去，多少个家庭因为安全事故而悲悯。安全的弦要时刻紧绷不能松。国家不能松，企业不能松，个人更不能松。酒后上岗登高作业丢了性命，受限空间违规操作丢了性命，玩忽职守违章指挥丢了性命，贪图便利违规操作丢了性命，防护缺失傻干蛮干丢了性命……太多真实的例子让我们对安全生产法律产生敬畏，尊重的是法律，重视的是安全，保护的是自己。在安全运营的环境下，各机关企业要确保人的安全、财的安全、物的安全、环境的安全。严格遵守安全禁令，每一条禁令都是用血的教训书写出来的，所以我们必须遵守。新时代新环境要有新转变，要牢固树立安全生产的意识，时刻保持警钟长鸣，坚决不踩安全红线。

接下来我们要坚持走中国特色社会主义法治道路，建设中国特色社会主义法治体系、建设社会主义法治国家，围绕保障和促进社会公平正义，坚持依法治国、依法执政、依法行政共同推进，坚持法治国家、法治政府、法治社会一体建设，全面推进科学立法、严格执法、公正司法、全民守法，全面推进国家各方面工作法治化。在分两步走的过程中，首先到二〇三五年基本实现社会主义现代化时，我国涉及法治建设的目标是基本实现国家治理体系和治理能力现代化，全过程人民民主制度更加健全，基本建成法治国家、法治政府、法治社会；第二步到本世纪中叶时把我国建设成为综合国力和国际影响力领先的社会主义现代化强国。

党的二十大报告中，清晰的蓝图，有力的引领，一系列重大改革举措力透纸背。立良法以行善治，安全生产有法可依，有法必依。各环节不敢不重视、不想不重视、不能不重视安全生产。“全过程人民民主制度化、规范化、程序化水平进一步提高，中国特色社会主义法治体系更加完善”是我国未来五年的目标任务之一。安全生产重于泰山，法治引领保障安全。以前讲的“有法可依、有法必依、执法必严、违法必究”与现在提倡的“全面推进科学立法、严格执法、公正司法、全民守法，全面推进国家各方面工作法治化”有异曲同工之意。安全生产与法治建设不可分割。法治建设的目的是更好地指导生产、辅助生产，让安全生产有法可依、有法必依。只有在党的领导下依法治国、厉行法治，实现社会主义现代化的步伐才能更快，国富和民强的进程才能更有效推进。安全生产是在法治发展下的生产，法治发展是在安全生产上的发展。用法治守护安全生产，用安全生产践行法治规范，快步实现法治现代化、生产现代化、全面现代化。

用法治守护公平正义

很多人并不真正了解律师，也不了解律师所从事的工作，甚至觉得律师只不过是一群具备一定的法律知识、靠诡辩“打嘴仗”的人。从业这些年来，遇到过形形色色的人、五花八门的事。当民众朴素的正义与现代司法理念冲突时，他们对律师的评价就会有偏差。比如，欠债还钱是普通民众心中最朴素的公平正义，但有时因为诉讼时效或者破产制度等而没法兑现；再比如，你有理，但举证不力，也不得不承担举证不能的不利后果。因此，普通民众对律师的印象也就褒贬不一。其实，律师是以证据说话的“手艺人”，只能在法律的框架内为当事人争取权益，而不能超越法律去实现普通民众心目中认为的正义。也就是说，律师工作要一切以法律为准绳，知法、依法、普法是新时代律师行业的基本素质和职业要求。

2022年10月，中国共产党第二十次全国代表大会胜利召开，习近平总书记在会上作了报告。党的二十大工作报告首次单独把法治建设作为专章论述，报告全文多次提到“法治”“依法”，指出“全面依法治国是国家治理的一场深刻革命”，并用“关系党执政兴国，关系人民幸福安康，关系党和国家长治久安”这三个“关系”深刻阐述了法治建设的重要性，将法治建设提升到了前所未有的高度，彰显了我们党推进全面依法治国的坚定决心。

律师是法律职业共同体的一部分，是法治的坚实力量，与法官、检察官、人民警察等一样，都是社会主义法治建设力量的重要组成部分。法治兴，则国家兴。作为律师，我们更要牢记习近平总书记的训词精神，忠实践行人民律师为人民的理念，积极推动法治建设，用法律的利器去维护社会公平正义，融入建设法治国家的发展大局。

回顾过去，自党的十八届四中全会以来，建设社会主义法治国家就已经成为我们党治国理政的方略和目标之一，广大民众也越来越意识到，只有民主和法治才能保障最广大人民的根本利益。在社会生活中，越来越多的人开始积极寻求法律帮助，听取法律人士的专业意见，用法律的武器去保护自身的安全，维护自身的利益。

2020 年，中央全面依法治国工作会议召开，习近平总书记在会上发表了重要讲话，从历史和现实相贯通、国际和国内相关联、理论和实际相结合上深刻回答了新时代为什么实行全面依法治国、怎样实行全面依法治国等一系列重大问题。习近平总书记指出，全面依法治国最广泛、最深厚的基础是人民，必须坚持为了人民、依靠人民。要把体现人民利益、反映人民愿望、维护人民权益、增进人民福祉落实到全面依法治国各领域全过程。推进全面依法治国，根本目的是依法保障人民权益。习近平法治思想是引领法治中国建设在新时代实现更大发展的思想旗帜，也是律师行业工作必须牢牢坚持的指导思想和主题主线。作为法治中国建设的生力军，我们要把习近平法治思想学深悟透、融会贯通，自觉做社会主义法治的坚定捍卫者、忠实践行者和积极宣传者。在习近平法治思想的指引下，在学习贯彻党的二十大精神的过程中，广大律师从业者应结合自身的法律知识，聚焦党的中心任务，聚焦党和国家的重大战略，将自身发展融入党和国家的发展大局，不断拓展法律服务领域，投身于法治中国建设。

全面依法治国是一个系统工程，要整体谋划，注重系统性、整体性、协同性。党的二十大报告指出："我们要坚持走中国特色社会主义法治道路，建设中国特色社会主义法治体系、建设社会主义法治国家，围绕保障和促进社会公平正义，坚持依法治国、依法执政、依法行政共同推进，坚持法治国家、法治政府、法治社会一体建设，全面推进科学立法、严格执法、公正司法、全民守法，全面推进国家各方面工作法治化。"报告从四个方面详细阐述了"坚持全面依法治国，推进法治中国建设"的奋斗目标，法治中国建设无疑已经成为新时代的新任务，我们作为法律行业从业者，也必然要在这场新时代的奋斗中贡献自己的力量。

随着时代的发展和社会的进步，法治中国建设对科学完备的法律规范体系的要求越来越高。党的二十大报告明确指出："加强宪法实施和监督，健全保证宪法全面实施的制度体系，更好发挥宪法在治国理政中的重要作用，维护宪法权威。"作为律师，我们要在坚持宪法已经建立起来并经过实践检验有效的根本制度、基本制度、重要制度的前提下，统筹谋划和整体推进立改废释纂各项工作，保障国家治理体系的系统性、规范性和协调性，最大限度地凝聚社会共识。

在参与科学立法方面，党的二十大报告也为我们律师行业指明了方向，即“推进科学立法、民主立法、依法立法，统筹立改废释纂，增强立法系统性、整体性、协同性、时效性”。从报告中我们可以看出，立法要始终实现好、维护好、发展好最广大人民的根本利益，同时也要坚持统筹兼顾，统筹个人利益和集体利益、局部利益和整体利益、当前利益和长远利益，调整和平衡各种利益之间的关系。正是有了立法机关立法前广泛征求意见的良好环境，才给了律师“可为”的机会，也让我们有了“应为”的责任。这样的使命感和责任感让我们律师行业从业人员无论是在接访时倾听民意，还是在走访调研时观察社情，都认真了解情况，仔细做记录、做分析，从普通民众的诉求出发，从最广大人民的根本利益出发，寻求法律上的保护和解决方式，使法律更具有现实性和实用性，更贴近人民的生活，为科学立法提供现实依据。

“法治政府建设是全面依法治国的重点任务和主体工程。”二十大报告对扎实推进依法行政提出了要求。政府不再用行政管理的思维去发布行政命令，而是用法律手段处理法律问题。在行政机关施政前开门问策的良好环境下，我们作为行政机关的法律顾问，能够为其提供法律咨询、建议及相关纠纷争端的解决方案。

在作为行政机关法律顾问的过程中，我们一直是起积极作用的。比如，在城市建设规划中，我们向行政机关的工作人员有侧重地剖析和解读相关法律法规条文，积极为城乡基础建设、环境治理保护等提供法律意见，协助地方政府制定、修改、完善地方性法规，为地区的重大决策和重要事项把好法律关。再如，我们积极配合行政人员，指导、参与基层矛盾纠纷的预防和化解，协助相关部门调处诸如婚姻家庭、土地承包等引发的矛盾纠纷，积极搭建政府和群众沟通的桥梁，通过提供高质量的法律服务更好地推进依法行政。

由于律师的出现，广大民众感觉到了政府行政机关并不是高高在上的，真正落实了党的二十大报告中“转变政府职能，优化政府职责体系和组织结构，推进机构、职能、权限、程序、责任法定化，提高行政效率和公信力”的精神。律师的法律观点在一定程度上会影响行政机关的决策，行政机关在作出决策之前，会考虑行政行为是否合法；在执行行政决定时，会衡量执行方式和尺度是否在法律许可的范围内。

在扎实推进依法行政的新征程中，我们明确自身的行业定位，积极承担社会责任，充分发挥专业优势，将法律规定与行政管理有效结合，形成容易接受、容易理解、符合行政管理特点的法律观点，做行政机关合格的法律参谋，将法律效能最大化，为坚持全面依法治国、推进国家治理体系和治理能力现代化提供优质高效的法律服务和法治保障。

法治是具有丰富内容的时代命题，它的核心价值之一就是规制国家公权力。保障国家公权力在法治的轨道上有序运行，才能保障所有公民的人权。扩大权力制衡是建设民主政治、法治国家，解决司法不公、司法腐败问题的途径。权力制衡包括两个方面：一是公权力的分权制衡，如国家立法、行政、司法权的分离及其权力内部的制衡；一是私权利对公权力的制衡，如公民通过民选制度、舆论监督等实现对公权力的制衡。在公权力的制衡方面，党的二十大报告明确指出要严格公正司法："规范司法权力运行，健全公安机关、检察机关、审判机关、司法行政机关各司其职、相互配合、相互制约的体制机制。强化对司法活动的制约监督，促进司法公正。加强检察机关法律监督工作。"

司法活动是严格按照法定程序、运用法律规范审判案件的活动。普通民众虽然对司法公权力的行使有监督权，但因为缺乏相关的法律知识和经验，因而监督的能力是很弱的，大多数情况下只能凭感觉判断公正与否，却说不出所以然来。在这种情况下，律师是最能帮助和代表私权利制衡与监督司法公权力的。

“公正司法是维护社会公平正义的最后一道防线。”我们作为职业法律工作者，具备专业的法律知识和经验，对司法公职人员的任何违反、偏离法律规范的行为，都能够依法判别。我们是独立的法律工作者，不隶属于任何国家机关和社会组织，并且有自己的行为规范、行业组织和纪律，在制衡与监督司法公权力方面，我们的行为是经过国家授权、从制度和程序上依法依规的。因此，我们监督公权力，保障公权力的行使符合法治的精神，也符合党的二十大报告中“努力让人民群众在每一个司法案件中感受到公平正义”的精神，是法治建设的重要环节。

法律属于上层建筑，精通法律、运用法律的我们可以用专业技能为社会和公众提供法律服务。比如，通过法律咨询和代理案件保障法律的正确实施，维护社会公平正义；通过协调群体案件和社会焦点事件化解社会矛盾，维护社会的正常秩序，夯实和谐社会基础，助力法治政府和和谐社会的建设。

“法治社会是构筑法治国家的基础。”面对需要法律帮助的普通民众，我们会挺身而出，仗义执言，保证人民群众在遇到法律问题或者权利受到侵害时获得及时有效的法律帮助，维护他们的合法权益，用法律的武器守卫社会正义。我们会弘扬社会主义法治精神，传承中华优秀传统法律文化，引导全体人民做社会主义法治的忠实崇尚者、自觉遵守者、坚定捍卫者。

现行的法律该如何落地生根，充分发挥效用，让人民群众认识到法治中国建设的重要意义和价值，其中关键的一点就是普法宣传。二十大精神指导我们要“建设覆盖城乡的现代公共法律服务体系，深入开展法治宣传教育，增强全民法治观念”。这让我们深刻认识到普法工作要有针对性和实效性。立足法律专业，当好法律知识的宣传员，助力人民群众深入学习、透彻了解法律法规，是新时代律师行业的新目标。在未来的工作中，我们要将广泛开展普法工作作为重要任务，对法律的剖析既要具有专业性，又要能结合客观实际，不断创新方式方法，让广大民众听得懂、能领会、好落实。而我们的平民身份则让我们更接地气，也更能摸清广大民众的心理，透过人民视角，用朴素的事例和道理解释法律条文，帮助我们持续开展普法进机关、进乡村、进企业等活动，并借助新媒体推动法治文化阵地全覆盖。可以说，我们在某种程度上是沟通法律条文和社会大众之间的一道桥梁，是使全社会形成知法守法的良好氛围的“催化剂”，我们将持续在普法宣传中贡献力量。

人人心中都有杆秤，身为律师，我们会认真对待每一个案件，让人民相信正义虽然有时会迟到，但永远不会缺席。要坚持以人民为中心的发展思想，坚定立场，把出发点和落脚点放在“法律面前人人平等”的法治观念上来，用心、用情维护好人民群众的合法权益，服务基层，增强人民群众的获得感、幸福感和安全感。

同时，在执业过程中，我们会严格恪守职业道德和职业伦理，坚守底线，在接待当事人、办理案件的过程中实事求是，根据案件的事实和证据作出分析，既要分析案件的有利条件，也要提示不利因素，在法律范围内尽职尽责地为当事人争取最大权益，做让人民满意的律师，实现民主政治、社会正义、公正平等、保障人权等价值原则，坚决维护国家法律的权威。

法治是实现中华民族伟大复兴的重要途径，在坚持全面依法治国、推进法治中国建设的当下，身为律师的我们可以参与立法，使法律规章更科学、更完善、更贴近百姓生活；我们可以在社会治理中为政府提供法律支持，完善行政执法程序，推进文明执法；我们可以参与社会矛盾的化解、社会纠纷的解决，为广大民众提供必要的法律服务；我们可以用生动的语言和朴素的案例为民众解释法律条文，将法治观念“讲”进他们的心里。

坚持全面依法治国，推进法治中国建设，我们一直在奋斗！

执法公正铸就忠诚“警”色

一提到执法，你第一时间会想到什么？我想一定和我一样，第一时间想到的就是人民警察。开始写之前，我特意到网上又搜索了一下“警察”的定义。在全世界范围内，给警察的定义是“国家及其统治者根据国家和统治阶级的意志，按照确定标准设置的警察机关及其警务人员”。而在我国，警察是人民的警察，是国家公务员，是依法履行公共职责的工作人员，是社会主义事业发展的力量，是为人民服务的人民公仆。普通民众也许不能天天看到其他岗位上的公务员，但是警察这种公务员似乎每天都可以看到。居住的社区能看到派出所的民警，出行能看到交警，去景区能看到治安警察……也就是说，只要走出家门，无论走到哪里，好像都可以看到警察的身影。当然还有很多警察是平常看不到的，比如刑警、缉毒警察等。而我们这些深入平常生活的警察，给了人们的美好生活以不一样的“警”色。

党的二十大，习近平总书记从中华民族伟大复兴的战略全局和世界百年未有之大变局的高度，既总结了过去十年党和国家事业取得的历史性成就、发生的历史性变革，又从统筹推进“五位一体”总体布局、协调推进“四个全面”战略布局的高度，对党和国家事业作出了全面部署。在报告中，习近平总书记多次提到了“法治”，并以“坚持全面依法治国，推进法治中国建设”为题进行了专门阐述。报告中指出：“全面依法治国是国家治理的一场深刻革命，关系党执政兴国，关系人民幸福安康，关系党和国家长治久安。”只有发挥出法治的根本作用，才能让我们建设的社会主义现代化国家始终走在法治这一轨道上。而要“坚持走中国特色社会主义法治道路，建设中国特色社会主义法治体系、建设社会主义法治国家”，就要“围绕保障和促进社会公平正义，坚持依法治国、依法执政、依法行政共同推进，坚持法治国家、法治政府、法治社会一体建设，全面推进科学立法、严格执法、公正司法、全民守法”，只有这样，才能全面推进我国各方面工作的法治化进程。

报告对扎实推进依法行政提出了新任务、新要求，同时也提供了新思路、新方法。第一，法治政府建设。法治政府建设是全面依法治国的重点任务和主体工程。要转变政府职能，优化政府职责体系和组织结构，从而推进机构、职能、权限、程序、责任法定化，提高政府行政效率和公信力。第二，深化事业单位改革。第二，深化行政执法体制改革，全面推进严格规范公正文明执法，加大关系群众切身利益的重点领域执法力度，完善行政执法程序，健全行政裁量基准。第四，强化行政执法监督机制和能力建设，严格落实行政执法责任制和责任追究制度。第五，完善基层综合执法体制机制。

2020 年 8 月 26 日，习近平总书记在中国人民警察警旗授旗仪式上致了一段这样的训词："要坚持维护社会公平正义，加强教育培训，严格监督管理，规范权力运行，把严格规范公正文明执法落到实处，不断提高执法司法公信力，努力让人民群众在每一起案件办理、每一件事情处理中都能感受到公平正义。"由此可见，执法公正是推进法治中国建设、维护社会公平正义的客观要求，是公安机关执法活动必须始终坚守的核心价值追求，也是人民警察的基本职业操守。

我国的人口基数大，所以警察的人数也相对较多，警察的种类更是多种多样、五花八门。除了生活中常见的交通警察、户籍警察、监狱警察等，还有特种警察、巡逻警察、刑事警察、经济警察、司法警察、外事警察、公共信息网络安全警察、禁毒警察、空中警察、缉私警察、林业警察等等。此外还有一支可以与正规军队相提并论的武装警察部队，当然这个属于军队，并不属于日常生活中常见的公务员类别的警察。公安部 2022 年初的数据显示，全国人民警察的数量约 200 万，其中公安系统130万左右，法院、检察院的司法警察大概20万，监狱警察的数量约为45万，还有安全部的约5万人。而为了加强执法源头、执法过程和执法质量等工作的管控，深化公安系统法制员制度的落实工作，全国公安系统内已配备了专职法制员1.6万名、兼职法制员7.3万名。不仅如此，公安系统还持续在全国推行执法资格考试工作，全国范围内在职的民警中取得基本级执法资格的共有190多万人，取得高级执法资格的有6万人左右。在此基础上，公安部还不断加强自身执法监督管理的职能，深入落实受立案制度改革等24项改革任务，不仅加大力度推动了执法信息化建设，还科学有效地提升了公安系统执法办案和监督管理的效能。此外，公安系统还严格落实了防止干预司法的“三个规定”，对有案不立、压案不查、降格处理等执法过程中存在的突出问题进行了集中整治，进一步提升了公安系统的执法公信力。

天津市公安北辰分局交警支队引河桥大队的民警李永杰是一名已经奋战在公安交通管理一线28年的老交警了。他的人生舞台就是红绿灯下的那个只有三尺大小的岗亭，他像标杆一样挺立在那里，凭借着简单的一套手势、一声哨音、一个敬礼，在车水马龙之间践行着自己的执法公正，守护着百姓的出行安全，在平凡中铸就了自己的忠诚“警”色。

从事交警工作近30年来，他查处了不计其数的交通违法行为，但是在这么多的违法行为中却从没有发生过执法错误或者被被执行人投诉的情况。为什么他可以做到这一点呢？是因为他一直保持着自己作为交通警察的初心，一直把马路当作自己的办公室，脚踏实地地在路面上实现着自身的价值。他多年来一直保持着一个习惯，那就是每天上班的第一件事都是到自己所负责的辖区路口转一转，站在那里看一看，看看哪里的地面标线有破损缺失的地方，看看哪里的交通设施配备得不合理，他都会逐项记在自己随身携带的小本子上，然后及时沟通解决。他在28年里曾到过不同的岗位，但是几乎每一个和他共事过的人对他都只有这样的印象——认真负责、坚守原则。这原则就是他身上作为交通警察所独具的执法公正的色彩。所以在工作中，只要是人民群众遇到了困难，有需要帮助的地方，他都是竭尽所能，想方设法也要把事办成。但是如果是违背原则的事情，比如想托关系谋取非法利益，那他这个“后门”是坚决行不通的。李永杰就是凭借着对执法工作的满腔热爱和对做好执法工作的无尽执着，才能在自己平凡的岗位上作出无数不平凡的事。顶风冒雪清理结冰路段，被违法车辆撞到手腕骨折也要坚持工作，骑自行车摸黑也要抓到犯罪嫌疑人，等等。近 30 年来，这些看似平凡的小事让李永杰获得了多项荣誉，但即使这样，他也没有丝毫懈怠，始终以人民公务员的积极姿态拼搏进取，身体力行地向党、向公安事业诠释着自己的忠诚。

张川平是陕西省杨凌监狱的一名基层人民警察。从 1994 年加入警察队伍以来，他一直奋斗在监狱事业上，这一奋斗就将近 30 年。在这近 30 年的时间里，他共计参与和办理了各类案件 2 万多件，不仅为个人荣记了三等功 1 次，还多次荣获各类嘉奖。他在工作中始终坚定自己的理想信念，牢牢记着自己作为监狱警察的职责。在他的执法理念里只有六个字，那就是严格、公平、公正；在他的工作态度里也只有六个字，那就是规范、严谨、高效。正是因为有了这十二个字，才让他得以在自己近 30 年的监狱警察生涯中依法而有序地开展监狱刑罚执行工作。2022 年 3 月，陕西省开展了“以案促改，全面核查违规违法办理减刑、假释、暂予监外执行案件”的活动。张川平仔细地评查案件，同刑罚执行科的同事们一起，将自己所在的监狱2018年以来的除“九类案件”之外的1475宗减刑、假释和1宗暂予监外执行案件进行了逐案审查。虽然加班加点，没有休息日和节假日，承受着压力和繁重的工作量，但是他却从未抱怨，也没有一丝松懈，所以这项工作的完成，为实质化审理工作中的减刑、假释等案件提供了大量直接的证据，为执法证明材料的充实和完备提供了很大的帮助。此外，张川平还非常重视对法律法规的学习，刑法、刑事诉讼法、监狱法自然不用说，就连最高人民法院、最高人民检察院、公安部和司法部的《关于加强减刑、假释案件实质化审理的意见》等，也被他纳入自己的学习材料中。所以，他可以在民警、罪犯等提出的政策问题上利用自己掌握的专业知识进行解答，也可以给执法工作中遇到困难和问题的民警以帮助，让监狱办理“减假暂”案件的效率得到了有效提高，也让监狱刑罚执行工作进一步规范。

近几年来，广西壮族自治区公安机关对人民群众呼唤公平正义的期盼作了诸多积极响应，建成了130多个管理中心，主要职责就是执法办案。黄墁就是其中坚守执法办案职责的工作人员之一。她是广西壮族自治区容县公安局的政委，也是一名法医。她一直秉承“教科书式”的执法理念，一直保持着“在镜头下”执法的习惯，对人民群众的监督一直保有主动接受的态度。她善于学习，勇于创新，即使刑事案件扑朔迷离，她也总能利用自身掌握的科学知识和技术让案件的迷雾消散，让真相大白于天下。在做警察的13年里，黄墁累计检验尸体650多具，在600多起破获的重大、疑难案件中起到了非常大的协助作用。此外，她还对活体的伤情进行检验，多达5000人次，在一大批案件的侦破工作中起到了非常关键的作用。她一直用行动诠释着法医的誓言——为死者言、为生者权，这是她开展自己执法工作的初心，也是她选择给人民群众呈现的执法公正。

像以上这些在自己平凡的岗位上践行着执法公正的人民警察还有很多，作为光荣的人民警察中的一员，我与有荣焉。

党的十八大以来，全国公安机关对习近平总书记的法治思想和重要指示精神进行了深入学习贯彻，对宪法和法律部署的

相关要求进行了有效落实。法治才是警察工作的目标，只有在公安系统执法的规范性上加大力度狠抓，才能有效提升警察工作的法治化水平以及执法公信力。不仅如此，党的十八大以来，全国大大小小的公安机关都加强了自身执法的规范性建设，力争做到依法履行自身职责，不仅维护了社会大局的稳定，也真正意义上让人民有了安居乐业的大环境。

2015年，公安部为了对全国公安机关的执法规范性建设以及法治公安的全面建设工作进行深化，印发了《关于贯彻党的十八届四中全会精神深化执法规范化建设全面建设法治公安的决定》。同年11月，公安部针对人民群众反映特别强烈的公安机关报案不接、受案立案不及时和受案立案涉嫌违法等突出问题印发了《关于改革完善受案立案制度的意见》，誓要对机关内部存在的执法缺乏公正的顽瘴痼疾“下死手”。此外，公安部从宏观角度出台了各项政策和措施，从源头上对执法公正进行了指导。2016年3月施行了《公安机关人民警察执法过错责任追究规定》，2018年6月出台了《关于建立健全公安机关执法全流程记录机制的意见》，2019年印发了《关于进一步推进严格规范公正文明执法的意见》，2021年5月印发了《关于深入推进公安执法监督管理机制改革的意见》……这些都是公安人对执法公正的有力践行，都是他们在一点点铸就的为人民呈现的带有忠诚意蕴的“警”色。

除了这些大方向上对警察执法公正的宏观管理，全国公安机关也对公正执法有着自己的理解。近年来，全国公安机关深入开展针对习近平总书记的法治思想教育培训、党史学习以及人才队伍教育等工作，进一步对执法教育培训工作进行了改进和加强，以多种多样的形式，如正反典型案例通报、法治大讲堂、理论学习中心组学习等，有效提升了民警规范执法的自觉性、法治素养和执法水平等。为了提升自身的执法能力，我们积极响应和配合上级部门提出的要求，踊跃参加日常化的执法培训，参加执法资格等级考试，为为期三年的全警实战大练兵活动积极准备，力争成为公安机关执法示范单位，争当执法规范化教官……对每一项执法公正措施的响应，都是我们人民警察身体里的那股硬气，也都是我们骨子里的那股正气，更是我们灵魂里的那股风气。执法公正不仅使我国执法规范化建设更上一层楼，也让中国甚至全世界欣赏到了一幅画卷般的“警”色。

党的十八大召开以来的这十年，对于公安机关、对于人民警察来说，是砥砺前行的十年，我们用实际行动践行了自己的顽强使命，捍卫了公平正义，对我国的法治建设进行了强而有力的推进。党的二十大召开以后，党和国家带领全国各族人民一起走上第二个百年奋斗的征程，在以习近平同志为核心的党中央的全面领导下，法治精神不断深入我们的内心，执法公正的种子不断生根、发芽、结果，也必将让我国的法治建设这棵参天大树枝繁叶茂，让中国特色社会主义的法治道路越走越稳，越走越宽广！

公平正义诠释司法为民情怀

如果让你给“公平正义”下一个定义，你会如何理解它的含义呢？对我而言，我会把它拆成两个词来理解：一个是公平，一个是正义。提到公平，每个人脑中都会浮现一个天平的图像；而提到正义，每个人又会自然而然地联想到正义感、英雄等词语。当天平的图像和正义感、英雄这些意象浮现的时候，要是问你由此联想到了哪种职业，你可能会脱口而出的是法官。

公平正义是人类文明的重要标志，是衡量一个国家或社会文明发展程度的标准。要想社会和谐、人与人之间和睦相处，毫无疑问，公平正义是非常重要的条件。而现代社会的公平正义无论是从创造来看，还是从维护来看，都离不开公共权威，自然也离不开公共行政。司法机关是公共权威和公共行政的最佳代表，而身为法官的我们又是其中依法行使国家审判权的人员，是执行司法权的有力代表，我们倡导、奉行、主持了公平正义，那么国家和社会的公平正义就有了保障。我国作为社会主义国家，“江山就是人民，人民就是江山”，这种底层逻辑自然要求我们用公平正义诠释司法为民情怀。

党的二十大，习近平总书记站在全面建设社会主义现代化国家、全面推进中华民族伟大复兴的高度，对依法治国作出了“坚持全面依法治国，推进法治中国建设”的战略部署。党的二十大报告指出：“全面依法治国是国家治理的一场深刻革命，关系党执政兴国，关系人民幸福安康，关系党和国家长治久安。”只有发挥出法治的根本作用，才能让我们建设的社会主义现代化国家始终走在法治这一轨道上。而要“坚持走中国特色社会主义法治道路，建设中国特色社会主义法治体系、建设社会主义法治国家”，就要“围绕保障和促进社会公平正义，坚持依法治国、依法执政、依法行政共同推进，坚持法治国家、法治政府、法治社会一体建设，全面推进科学立法、严格执法、公正司法、全民守法”，只有这样，才能全面推进我国各方面工作的法治化进程。所以，坚持司法为民、维护公平正义，就是对依法维护人民群众的合法权益作出的最好诠释。

党的二十大为严格公正的司法工作在新时期的有效开展提供了丰厚滋养和科学指引：公正司法是维护社会公平正义的最后一道防线；深化司法体制综合配套改革，全面准确落实司法责任制，加快建设公正高效权威的社会主义司法制度，努力让人民群众在每一个司法案件中感受到公平正义；规范司法权力运行，健全公安机关、检察机关、审判机关、司法行政机关各司其职、相互配合、相互制约的体制机制；强化对司法活动的制约监督，促进司法公正；加强检察机关法律监督工作；完善公益诉讼制度。

习近平总书记指出：“全面依法治国最广泛、最深厚的基础是人民，必须坚持为了人民、依靠人民。要把体现人民利益、反映人民愿望、维护人民权益、增进人民福祉落实到全面依法治国各领域全过程。”我国是工人阶级领导的、以工农联盟为基础的人民民主专政的社会主义国家，人民是国家一切权力的绝对主人。司法机关是我国人民民主专政的国家政权机关的具体体现，在开展工作过程中必须始终坚持党对司法工作的绝对领导，坚持走中国特色社会主义法治道路不放松，坚持人民当家作主的地位不放松，坚持为人民服务的情怀不放松。

平常百姓对法官这一职业的理解也许都是从电视上获得的，毕竟如果和法官有了联系，很可能不是原告就是被告，而无论是哪一种，似乎都违背了追求安居乐业的百姓的心愿。电视剧是艺术作品，是来源于生活但高于生活的，所以在艺术作品中看到的法官形象是不全面的，而且艺术作品里的法官有西方的，也有东方的，每个国家的政治、经济、文化等都有差异，法官这个职业的内涵也会有所不同。那么，在我国，法官这一职业是什么样的呢？我先用《中华人民共和国法官法》里对法官这一职业的解释来说说我国对法官的定义，法官是“依法行使国家审判权的审判人员，包括最高人民法院、地方各级人民法院和军事法院等专门人民法院的院长、副院长、审判委员会委员、庭长、副庭长和审判员”。而定义中提到的这些人，无论是院长、副院长，还是庭长、副庭长，无论职级高低，作为法官在行使国家审判权的过程中都不应受、也不该受，更不会受任何行政机关、社会团体、企事业单位及个人干扰。也就是说，法官是一个独立的、中立的存在，像天平一样，依照法律规定行使自身维护公平正义的裁判权，是具有绝对权威的“裁判”。

在所有的诉讼类型中，和百姓生活最密切相关的就是民事诉讼了，审判这一诉讼类型的法官是依照我国法律规定的程序产生的，是依照我国法律行使国家民事诉讼审判权的审判人员。在我国，法官也有自己的权利和义务，在《中华人民共和国法官法》中有明确规定，而法官的权利和义务就是我们应该依法履行的职责，也是受国家法律保护的。那么我们依法应该履行什么样的职责呢？那就是必须忠诚维护宪法和法律的权威，做到全心全意为人民服务。

2022 年是四川省达州市达川区法院立案庭庭长刘白进入法院工作的第 15 年，他一直有一句箴言——因为热爱而执着，因为梦想而坚守——这是他一直以来对司法工作的诠释与践行。如果说在高中阶段，刘白还没有确定自己的真正梦想，只是笼统地认为自己一定要从事和法律事务相关的工作，那么从法学专业毕业考入达川区法院开始，他要成为一名践行公平正义的人民法官便成了他人生的终极目标。

刘白担任庭长是从2013年开始的，也是从那时开始，他凭借着谦虚包容的待人态度、脚踏实地的工作方式，不仅连续多年办案数量在全院名列前茅，而且还得到了同事和人民群众的高度评价。正因为这样，他才获得了多项荣誉，如2016年获得的“全省法院办案标兵”称号、2017年获得的“全国法院

办案标兵”称号等。法院的立案庭，也被称为诉讼服务中心，说得简单易懂点就是原告起诉的地方。所以立案庭是人民法院作为司法机关为人民群众提供诉讼服务的第一道闸门。刘白就是在这里，将自己工作所在的达川法院每年上万起的矛盾纠纷，也就是诉讼分流到其他各个业务部门。除此之外，涉及法律和诉讼的相关信访工作也是由立案庭负责的，这个工作就像从一堆乱麻中扯出一个线头一样，所以立案庭的工作是非常烦琐的。但即使这样，刘白一年处理的各类案件也可以达到三四百件。在他领导的立案庭，几乎每个人的办案数量都能有 200 多件，正是因为有刘白这样勇于担当、主动承办对百姓来说非常重要的案件的领导者，才有了一个干出了实实在在业绩的审判团队。多年来，他一直活跃在办案的一线，积极化解各类案件纠纷，还利用激将法还原事实真相、利用换位思考促成案件和解、利用机智打破尴尬局面等等。就这样，他脚踏实地地一件件办案，让公平正义渗透到每一件案子中，让人民群众在这些司法案件中都感受到公平正义的存在，用自己的力量诠释着司法为民的情怀。

在天津市静海区人民法院民三庭有这样一位法官，他的名字叫宫会新。作为一个男人，他只有 40 多公斤的体重，但这瘦弱的身躯却充满力量，可以背负司法正义的天平，并能让它永远不偏不倚。宫会新所在的民三庭是专门负责处理静海区交通事故相关诉讼的部门，平时要处理的诉讼工作非常多，而且工作的难度也非常大。一般情况下，在工作日的白天，他每天都会给自己安排四五个庭审，有时候忙起来连中午饭都会忘记吃；晚上和休息日他也不闲着，大量的法律文书都是利用这些时间写就的。工作几十年来，他早已习惯了这样的工作强度，这也就是他只有 40 多公斤的体重、积劳成疾的原因了。无论是处理中年夫妇因驾驶车辆在高速被追尾失去孩子而提起的精神损害赔偿诉讼；还是处理 15 岁男孩骑着借来的电动三轮车撞伤中年妇女而电动三轮车主人拒绝承担任何责任的协议调解案件；还是借交通事故受伤，利用隐瞒旧疾骗取保险的案件，他都是一边不断思考研究，一边在处理过程中寻找最优的解决办法。而在这过程中，他始终把如何以最快的速度化解各方的矛盾、如何最大限度减轻人民群众的诉讼负累这些问题放在首位，这就是他作为司法人一直忠于公平、忠于正义的法治初心。

不断病倒，又不断爬起来回到工作岗位，宫会新也将一直继续用瘦弱的身躯担负起法律赋予他的公平正义，去权衡寻常百姓的炎凉冷暖。因为作为法官，他清楚地知道，用自身的努力在每一个司法案件中让人民群众感受到公平正义的存在，是他的职责，也是他的初心，更是他刻在灵魂里的使命和担当。

为了这一远大目标，他一直坚定不移地走在司法公正的征程上，即使这条路充满风雨、充满挑战，他也会坚守自己那满腔公平正义与爱民为民的炙热情怀。

和前面两位法官相比，李振亚要更年轻一些。他 2008 年才进入河南省鹤壁市中级人民法院，先后在刑事审判庭、审判监督庭工作，目前在刑一庭任副庭长一职。在他参加工作的十多年里，因为工作态度踏实勤恳、业务能力精湛到位，获得了多项荣誉，如“鹤壁市杰出青年”称号、“全国刑事审判先进个人”称号、市级“优秀科级干部”以及“文明法官”称号等，还在 2021 年因为和妻子共同积极参与防洪救灾与疫情防控工作，被评为“最美家庭”。李振亚开展司法工作有一个特点，就是专门啃“硬骨头”。2013 年和 2014 年由中共中央纪律检查委员会督办、最高人民法院指定管辖的两起金融系统特大职务犯罪窝案交由他承办；2015 年，一起由全国扫黑办督办、河南省法院指定管辖，在河南省范围内具有重大影响的涉黑案件也有他参与审理；2017 年，由最高人民法院指定管辖，涉及区域广、涉案金额尤其巨大的特大、疑难且复杂的走私案件也由他承办……这一桩桩、一件件大案要案，他都付出了大量的时间和精力，也终于功夫不负有心人，即使这些案件再疑难复杂，再矛盾激化，再风险与变数共存，他都抽丝剥茧、不遗余力地审理，所以他经手的案件的判决结果都能让各方当事人心服口服。之所以能做到这一点，和他一直以“认定事实清楚，证据确实充分”为自己司法工作的座右铭有很大的关系，而这句座右铭就是他践行公平正义的具体体现。正是因为这句座右铭，他才能为了调查取证，为了还原事实的真相而走遍大街小巷；他才能为了案件关乎的每一个人民群众的切身利益而不分昼夜地伏案付出。就是这样一次次认真听取当事人的诉求，去伪存真，才诠释了司法的公平正义。

截至 2022 年 3 月，我国共有 12 万余名法官，以上提到的这些只是这 12 万余名法官中最平凡的一个又一个。他们都在自己的司法岗位上做着他们认为最平凡的事，但是却创造了一个又一个的不平凡，作为他们中的一员，司法为民是我们每个人的内心独白。

党的十八大召开以来的这十年，社会主义司法制度得到了高效、公正、权威的系统化建设，司法公信力也得到了显著提升。这和司法机关一直坚持以人民为中心，积极践行让公平正义深入人民群众的内心，为案件蕴含的政治效应、法律效应和社会效应的融合统一而付出的努力是分不开的。正是因为司法机关每一个个人的无私付出，才让我国司法系统的质量、效率和公信力都得到了不同程度的、持续的提升。2022 年 4 月 22 日，在党的二十大召开之前，中共中央宣传部举行了“中国这十年”首场系列主题新闻发布会。发布会介绍了党的十八大以来我国政法改革举措与所取得的成效。无论是从强化办案责任上，还是从对司法人员进行分类管理和采取司法责任制上；无论是从“让审理者裁判、由裁判者负责”“谁办案谁负责、谁决定谁负责”的基本办案责任制的实行上，还是在诉讼制度和机制的全面完善上……这一桩桩、一件件，都在伸张着公平正义，也都在诠释着司法为民的情怀。

党的二十大召开以后，各级人民法院的司法人必将高度贯彻习近平总书记在法治工作上的重要指示，将公平正义的思想融入自己的实际工作中来，永远牢记共产党人“为人民谋幸福、为民族谋复兴”的初心与使命，坚持与时俱进，对新形势要快速适应，对新问题要快速解决，对新挑战要快速应对，夯实群众工作基础。在日常的司法工作中，司法人也将始终坚持实事求是，积极践行党的群众路线，始终同人民站在一起，对人民群众深恶痛绝的事、迫切需要与盼望的事要分别做到绝不容忍和绝不拖延，永远心存惩恶扬善、公平正义的浩然正气。

新使命被赋予在新征程，大作为被呼唤于高起点。司法人始终牢记“让人民群众在每一个司法案件中感受到公平正义”的目标，经过对司法工作科学的谋划、全面的推进，必然能不断建立并逐渐完善司法为民的长效机制，真正推动司法工作在新时期的有效发展，真正谱写司法工作在新时代的新乐章。

肆

文化自信

增强文化自信，围绕举旗帜、聚民心、育新人、兴文化、展形象建设社会主义文化强国，激发全民族文化创新创造活力，增强实现中华民族伟大复兴的精神力量。

让“非遗”活起来

在我国迈上全面建设社会主义现代化国家的新征程、向着第二个百年奋斗目标进军的背景下，党的二十大胜利召开了。习近平总书记所作的党的二十大报告总揽全局、内涵丰富、思想深邃，通篇贯穿强烈的使命担当、坚定的信念追求、真挚的为民情怀，闪耀着马克思主义真理的光芒，是推动中国特色社会主义不断前进的理论纲领、政治宣言和行动指南。党的二十大报告围绕推进文化自信自强，铸就社会主义文化新辉煌提出了“传承中华优秀传统文化”“激发全民族文化创新创造活力”“增强中华文明传播力影响力”等一系列新部署、新要求，鼓舞人心、催人奋进。

党的二十大报告中提到，只有把马克思主义基本原理同中国具体实际相结合、同中华优秀传统文化相结合，坚持运用辩证唯物主义和历史唯物主义，才能正确回答时代和实践提出的重大问题，才能始终保持马克思主义的蓬勃生机和旺盛活力。

在中华民族悠久的历史长河中，博大精深的中华优秀传统文化是一颗璀璨的明珠，凝聚着中华文明的智慧。而非物质文化遗产则是中华优秀传统文化中不可忽视的、极其重要的组成部分，我们要用心去守护和传承，为弘扬中华优秀传统文化贡献自己的一份力量。

非物质文化遗产来源于广大人民群众在漫长岁月中所进行的各种生产和生活实践，由无数祖辈开创并形成多种特殊的生存技能，渗透于社会发展过程中的各个层面，是满足群众文化生活需求、增加幸福体验的重要内容。

众所周知，物质类文化遗产是具有重要的历史认识价值的，同样，非物质文化遗产也具有极其重要的历史价值。物质类文化遗产是以物化的固态形式展现其历史认识价值的；而非物质文化遗产想要实现其历史认识价值和意义，则要通过活态传承的方式来完成。

创新是人类社会发展的动力和源泉，在文化创新、科学创新、艺术创新等各个领域中，非物质文化遗产都具有十分重要的作用。不仅认识历史需要保护非物质文化遗产，在文学、艺术、技术、工艺等领域进行创新创造，也都需要对非物质文化遗产进行传承和保护。

纵观历史，经验告诉我们，凝聚力是任何一个社会群体都不可或缺的发展动力和条件，而文化认同则是一个群体或民族的凝聚力最重要、最根本的来源。如今我们正进行的非物质文化遗产保护工作，不单单是保护中国千百年来所积淀的各种传统艺术形式，更是促使这些传统表现形式能够在传承中华文明，尤其是传承中华道德文明、增强民族自信心和民族凝聚力方面始终发挥重要作用。

非物质文化遗产不仅是优秀传统文化的重要组成部分，还是一个民族和国家历史文化成就的重要标志。那么，到底该如何定义非物质文化遗产呢？查阅资料得到了这样的解释："非物质文化遗产是指各族人民世代相传，并视为其文化遗产组成部分的各种传统文化表现形式和与传统文化表现形式相关的实物与场所。"

根据联合国教科文组织的《保护非物质文化遗产公约》定义，"非物质文化遗产"是指被各社区、群体，有时是个人，视为其文化遗产组成部分的各种社会实践、观念表达、表现形式、知识、技能以及相关的工具、实物、手工艺品和文化场所。《保护非物质文化遗产公约》中提到的"非物质文化遗产"包括作为非物质文化遗产媒介的语言；社会实践、节庆活动、仪式；表演艺术；传统手工艺；关于自然界和宇宙的知识与实践。

世界上入选"非遗"项目最多的国家是中国。截止到 2020 年 12 月，中国入选联合国教科文组织非物质文化遗产名录（名册）项目总共有42项，其中有34个项目被列入《人类非物质文化遗产代表作名录》，7个项目被列入《急需保护的非物质文化遗产名录》，1个项目被列入《保护非物质文化遗产优秀实践名录》。

在我国的非物质文化遗产中，比较有代表性的有昆曲、皮影戏、二十四节气等，并为世人所熟知。非物质文化遗产宛如散落于历史长河中的宝藏，只有进行有效的保护和传承，才能

让它始终焕发生机，继续散发光华，为人类社会作出贡献。

党的十八大以来，习近平总书记对文化遗产保护工作高度重视，多次作出重要指示批示。习近平总书记指出：“历史文化遗产承载着中华民族的基因和血脉，不仅属于我们这一代人，也属于子孙万代。要敬畏历史、敬畏文化、敬畏生态，全面保护好历史文化遗产。”正是习近平总书记这些重要讲话、重要指示批示为我们做好文化遗产保护工作指明了前进的方向，提供了最根本的依据。中国非物质文化遗产不仅是中华文化的瑰宝，也是人类文明的重要组成部分。因此，守护好、传承好非物质文化遗产，让优秀传统文化生机勃勃地传承下去，就需要健全非物质文化遗产保护传承体系。

目前，越来越多的非物质文化遗产项目走入人们的生活当中，使保护和传承工作取得了良好的进展。但是，在非遗传承的过程中依旧面临着大众积极性不足、开发力度不够、人才储备薄弱等多方面的问题。为了有效解决相关问题，需要站位高远、拓展思路，采用多种措施，对相关工作进行强化。

由于非遗项目具有地方性特点，为了确保更多群众能够参与其中，各地应充分发挥地方优势。各级非遗保护中心应当广泛宣传非遗传承保护的重要性，从培养非遗“接班人”的工作入手，为一些形式古老的非物质文化遗产，如云安区“云安八音”、郁南县连滩山歌、罗定市泷州歌等的传承筑牢基础。非遗传承保护首先在于对各类非遗项目传承的基础设施进行规划和建设，并提供资金和技术方面的支持，为当地从事非遗传承的群众提供更多的便利条件。各级非遗保护中心应当充分利用微博、短视频、微信公众号等平台做好非遗宣传工作，在宣传过程中重点强调有本地特色的非遗资源，并为之量身打造非遗主题节目，以扩大其宣传力度；鼓励相关非遗传承人、项目保护单位搜集或制作含有非遗技艺或文化的影视素材，通过各种社交平台，如视频号、微博、抖音、视频客户端等进行传播，以增强其影响力；举办各种非遗展览、展演、展示交流活动，非遗购物节、展览会、非遗墟市等，进一步推进非遗“走入生活”，促进广大群众对非遗产品的日常消费，使非遗能够和大众日常生活紧密结合，为非遗在民间的拓展营造良好的氛围。

活态传承的核心在于能够有充足的非遗传承人。目前，我国很多非遗项目的传承人年龄偏大，缺乏继任者的现象比较突出，人才结构也不够合理。活态传承需要打破仅依靠师傅传授的传统做法，要对传承人梯队建设机制进行优化。

选人是用人的基础。在非物质文化遗产传承人保护中，要制定传承人的认定标准，建立传承人的选拔制度、技艺档案库和退出机制。这样不仅可以选出优秀的非遗传承人，还可以及时纠正非物质文化遗产认定工作中出现的极个别滥竽充数的错误，剔除已认定传承人中的个别不负责任、不尽义务的传承人，从而保证传承人队伍的干净与活力。

选出优秀的传承人后，也要让他们能够安心做好传承工作，这就需要从物质和精神两个层面来提高传承人的身份地位，让他们在经济上有保障，在社会上能够得到较高的评价与认同。

非物质文化遗产保护的最终目的是保持文化传统和传统文化的延续和可持续发展。对传承人的保护就是非物质文化遗产保护的核心要素，但是仅仅以保护传承人为中心，并不能真正促使非物质文化遗产的保护工作蓬勃发展。我们可以通过对物质文化遗产的保护，来间接保护非物质文化遗产。这是因为，有形的物质文化遗产（如历史街区、古建筑、乡镇、历史遗迹及传统民居等）和无形的非物质文化遗产（如传统表演艺术、口头传统、礼仪、节庆、民俗活动、传统手工技艺等）是相依相存的，并与人们所生活的自然和文化生态环境密切相关。同时，由于非物质文化遗产具有这种特征，我们也必须要为传承人提供稳定的传习场所，注重文化空间的完整性，充分尊重非物质文化遗产的传承规律，为非物质文化遗产传承人培养后续艺人提供良好的环境。

每个非遗项目都具有鲜明的地域性，涵盖了发展历程、文化价值、文化形式、发展规律等内容，在特定的人文环境和文化空间中进行传承和实践。因此，使用新媒体手段传播非遗项目时，需要对相关资源进行整合并加以梳理，综合考虑非遗项目的类别、级别、活跃程度、传播形式、非遗项目传承人，以及非遗专家和学者的专业意见等，尽可能客观真实地展示非遗项目特有的文化魅力。

结合工作实际，在拍摄制作非遗项目、传承人纪录片、宣传片时，除了整合资源外，还需要有专业设备，由专业团队、学术专员共同完成。如传统音乐类非遗项目，需要着重考虑传承人的演唱、演奏技巧，表演方式，以及与音乐相关的编创、曲令、乐曲等内容；传统美术类非遗项目，应着重考虑工艺流程、制作步骤、特殊技法等内容。

只有让更多的人了解非遗的魅力，才能为非遗项目的发扬光大提供基础条件。各类学校是展示非遗的最佳场所，既能够让学生接触优秀的非遗文化，为其树立文化自信，又能为引导和培养非遗传承人打下基础。

由于非遗项目有着厚重的文化底蕴，其中不乏巧夺天工的高难度技艺，不是通过几次表演和观摩就能够深刻理解的。在推动非遗走进校园的过程中，一方面要在学校开展非遗项目展示、表演活动；另一方面也要将学生带进非遗的制作过程，让他们亲身体验、深入感知非遗的精妙。

不同阶段的学生心智水平、实践能力各有不同，所以非遗项目的展览、展示、展演应当根据学校情况有所取舍。如在中小学阶段，对学生展示非遗文化、非遗技艺应当以体验式传播为主；而在高等院校，则应开展更为深层次的非遗传播活动，加强科普宣传，带领高校学生对非遗的文化内涵进行学习和研究，使非遗传播工作更为深入。

非遗项目走进校园并非朝夕之间就可达到理想效果，应谨防形式主义。弘扬优秀的非遗文化需要循序渐进，持之以恒，仅凭几次非遗展览、展示、展演活动无异于隔靴搔痒。在条件允许的情况下，要把非遗进校园活动作为一项常态化工作去落实，使之成为一项固定的学习内容，有计划地组织开展授课或体验活动，为学生与非遗项目的“亲密接触”提供更多的机会。

作为国家级非物质文化遗产项目传承人，我致力于收集和推广民俗故事已经有几十年之久。在真正开始从事研究民间习俗工作之前，我做过建筑工人，开过书店，做过生意，但都以失败告终。后来，我总觉得自己对民间故事、传统习俗有着痴迷的热爱，便经常到田间地头去采访、收集民间故事，挖掘民俗活动。后来，我便参与到民间文学作品的收集工作中，全身心地投身于民间文学和民间习俗的收集、保护和推广中去。

在收集民间文学故事的过程中，我发现很多故事都与孝道相关，便将莱芜中元节习俗进行挖掘，以孝道为核心进行推广。除了挖掘、抢救民间文学，我开始加入对民俗文化和传统技艺文化的保护。

为了让非遗更好地走进大众生活，济南市在非遗工作的传承和保护上持续发力，不仅举办了首届中国非物质文化遗产博览会，还从第四届起成为永久举办城市。济南成为非遗传承人的“圣地”。2019年，济南市搭建非遗展示平台，积极推进非遗项目进社区、学校、景区展演。近几年，他们每年都要进行上百场展演，很好地传递了民间故事和民俗当中蕴含的积极向上的精神。

民间习俗具有区域性小、价值性大的特点，莱芜中元节的范围虽然是在莱芜区，但是其传递的“孝”的精神却是具有普遍性的，对于树立正确的价值观有积极的作用。因此，对于民间文学和民间习俗，一方面要做好文字记载、出版等工作；另一方面，还要言传身教，依靠科技创新推广形式。非遗本身来自生活，现在也要让非遗回到生活，只有这样，非遗的光彩才能更加夺目。

党的十八大以来，这十年，我国新增各类博物馆、纪念馆近千座，深入实施非遗传承发展工程，持续开展“保护传统文化”主题活动，使得传统文化不断焕发新的生机，越来越多的群众享受到文化建设发展的红利。

在全面建设社会主义现代化国家的新征程上，我们要继续为传承优秀的非遗文化、民间艺术贡献力量，不断把各类优秀民间文化和非物质文化遗产资源转化为推动民族发展的精神动力与源泉，为推动文化振兴、实现中华民族伟大复兴贡献自己的力量！

文化走出去，铸就新辉煌

近年来，随着我国经济和社会的快速发展，中国文化也逐渐走向世界，受到世界各国的关注和欢迎。图书作为文化的重要载体之一，自然也不甘落后，国内众多出版社不仅积极参加国际性的图书博览会，把承载着中国优秀文化的好书输往国外，还大面积地开展与国外著名出版社之间的沟通和合作，在国外出版了众多语种的图书，尤其是出版市场最为活跃的少儿出版，在“走出去”方面取得了非凡的成就。作为一名少儿图书出版从业者，我的心中思绪万千。三年的疫情对各行各业都产生了比较大的冲击，刚刚“走出去”不久的少儿出版自然也不例外，但它还是努力克服困难，正以全新的面貌向集团化、产业化、数字化和国际化的道路迈进。

党的二十大，习近平总书记从中华民族伟大复兴战略全局和世界百年未有之大变局的高度，从统筹推进“五位一体”总体布局、协调推进“四个全面”战略布局的高度，从 11 个方面对党和国家事业作出了全面部署，在“推进文化自信自强，铸就社会主义文化新辉煌”中就提到了“全面建设社会主义现代化国家，必须坚持中国特色社会主义文化发展道路，增强文化自信，围绕举旗帜、聚民心、育新人、兴文化、展形象建设社会主义文化强国，发展面向现代化、面向世界、面向未来的，民族的科学的大众的社会主义文化，激发全民族文化创新创造活力，增强实现中华民族伟大复兴的精神力量”。党的二十大报告强调：“要坚持马克思主义在意识形态领域指导地位的根本制度，坚持为人民服务、为社会主义服务，坚持百花齐放、百家争鸣，坚持创造性转化、创新性发展，以社会主义核心价值观为引领，发展社会主义先进文化，弘扬革命文化，传承中华优秀传统文化，满足人民日益增长的精神文化需求，巩固全党全国各族人民团结奋斗的共同思想基础，不断提升国家文化软实力和中华文化影响力。”所以，在此基础上实施文化走出去战略，在新时代铸就新的辉煌就显得尤为重要。

党的二十大报告对文化发展提出了新任务、新要求，同时也提供了新思路、新方法。第一，建设具有强大凝聚力和引领力的社会主义意识形态。全面落实意识形态工作责任制，深入实施马克思主义理论研究和建设工程，加快构建中国特色哲学社会科学学科体系、学术体系、话语体系，培育壮大哲学社会科学人才队伍，塑造主流舆论新格局。第二，广泛践行社会主义核心价值观。深化爱国主义、集体主义、社会主义教育，着力培养担当民族复兴大任的时代新人。用社会主义核心价值观铸魂育人，把社会主义核心价值观融入法治建设、融入社会发展、融入日常生活。第三，提高全社会文明程度。提高人民道德水准和文明素养，加强国家科普能力建设，深化全民阅读活动，推动全社会见贤思齐、崇尚英雄、争做先锋。第四，繁荣发展文化事业和文化产业。坚持以人民为中心的创作导向，推出更多增强人民精神力量的优秀作品。坚持把社会效益放在首位、社会效益和经济效益相统一，深化文化体制改革，完善文化经济政策。创新实施文化惠民工程。健全现代文化产业体系和市场体系，实施重大文化产业项目带动战略。第五，增强中华文明传播力影响力。坚守中华文化立场，提炼展示中华文明的精神标识和文化精髓，加快构建中国话语和中国叙事体系，讲好中国故事、传播好中国声音，展现可信、可爱、可敬的中国形象。加强国际传播能力建设，全面提升国际传播效能，形成同我国综合国力和国际地位相匹配的国际话语权。深化文明交流互鉴，推动中华文化更好走向世界。

文化“走出去”战略是我国改革开放之后，为应对全球化这一历史潮流所作出的积极的战略选择。战略提出至今，一直是我国在文化大发展大繁荣的推进工作中最突出的主题之一。

“走出去”文化战略在我国的实行，离不开文化创意产品的生产设计、体制机制的改革创新、教育水平的全面提升、战略意识的有效树立、新闻传媒的兴旺发达、人才选拔的激励与扶持等。最突出的是在少儿出版方面，国家制定了一系列文化输出政策，其中包括对少儿文化产品的扶持政策、参加国际性权威展览赛事以及加大对翻译出版的扶持力度等。在政策扶持方面，国家也加大了对儿童文学创作和出版的力度，大力推动中国优秀儿童图书走向世界。在参加国际性与少儿出版相关的展览活动时，国家也加大了对国内儿童图书出版机构和作家、插画家参加国际儿童图书展的扶持力度，通过国际性知名的赛事展示中国儿童图书的文化特色和创作水平，并积极与国际儿童图书出版机构和业内人士进行交流与合作。在推动翻译出版的事业上，国家也大力扶持国内的出版机构将中国优秀儿童图书翻译成外语，在国际市场进行推广，让更多国外的读者知晓中国文化和属于中国的儿童文学。

2016年4月4日，中国作家首次获得了有“儿童文学的诺贝尔文学奖”之称的、国际儿童读物联盟（IBBY）颁发的2016年国际安徒生奖。得奖的消息传来，引起了所有少儿出版从业者的欢呼雀跃。为什么中国作家能获得这一国际上的权威奖项呢？读过他的作品的读者都知道，他的作品题材很多都是关于中国现实的，那一个个故事情节生动和人物形象饱满的童年故事，都是发生在中国大地上的，也只能发生在中国这片土地上。作品中使用的语言情感丰富而又细腻逼真，这些都是作者能获奖的原因。但是，更重要的，也是最基本的前提，是他的作品是经过一个个出版人的手，以英、法、德、日、韩等 10 多种文字在世界上 50 多个国家和地区出版发行的。正是因为有文化“走出去”战略，才让他那么优秀的作品得到了国际出版界和儿童文学界的高度认可，在感动了中国读者之余又感动了一大批国外的读者。

要说全球规模最大、最具权威和影响力的儿童书展和年度图书盛会的话，那就非意大利博洛尼亚国际儿童书展莫属了。

该书展属于版权贸易类型的书展，每年都能吸引全世界 70 多个国家和地区的出版商、作家、儿童插图画家、版权代理人、图书馆员、书商、发行商、印刷商等前来赴约。

2018 年，是我国在第 55 届意大利博洛尼亚国际儿童书展上大放异彩的一年，中国不仅成为书展的主宾国，而且张明舟也在同年当选为国际儿童读物联盟主席，成为这一组织最高领导岗位上的第一位中国人。国内进行相关报道的时候选了一张张明舟叉着腰发表讲话的照片，当然这是开了个小玩笑，但却让我们看到了中国人的底气，也看到了中国文化的自信。就参加这一世界儿童出版人的盛事来说，中国参展团队的展区最开始只能用“书摊”来形容，说是“巴掌大”一点都不夸张，但就是这么慢慢地，我们成为拥有总面积 900 平方米的主宾国展馆；从最开始需要自掏腰包参展，到由国家新闻出版广电总局牵头组成浩浩荡荡的中国展团；从以前对外版图书备加青睐、如“疯狂购物”一般，到中国的原创精品成为外国出版商抢购的“爆品”；从以前版权交易经常实行的“一锤子买卖”，到开始实行国内与国外同步进行出版、国际合作进行组稿等形式多样的合作出版……中国少儿出版通过意大利博洛尼亚国际儿童书展这个平台开始逐渐参与到世界少儿出版市场的火热竞争中，这是无数个中国少儿出版从业者立足本国优秀传统文化、不断发展创新、积极落实国家“走出去”政策的有力见证。

王韶华是中意出版文化协会的联合创始人。协会从2016年开始和意大利博洛尼亚国际儿童书展合作，把有“插画界奥斯卡”之称的博洛尼亚插画展首次带到了中国，在社会上产生了非常广泛的影响，也是通过这一展览，让很多中国的原创插画家走出了国门、走向了世界。展览有一个相关的国际无字书大奖，旨在寻找全世界范围内未出版的原创无字书。王韶华女士从2018年起被聘为该项大奖的评委之后，就一直致力于将我国的原创无字绘本推向世界。这一赛事在国内鲜少人知晓，但在国际上的知名度却非常高。赛事参与的门槛较高，不仅有50欧元的参赛费，而且对书的尺寸也有严格规定。对于插画作者来说，即使不得奖，只要能够入围，都能在世界范围内打响知名度。王韶华深知国内有很多富有中国传统文化底蕴的原创无字书，她希望让这些书和作者“走出去”，走上这一国际专业赛事的舞台。于是，她便联合中国美术家协会漫画艺术委员会，一边将我国著名的漫画大师张乐平先生绘制的《三毛流浪记》推荐参赛，一边和国内出版机构达成协议，由出版机构为参赛的插画家提供参赛资金，解决他们的后顾之忧。

张乐平是我国著名的漫画大师，他绘制的“三毛”形象可以说是家喻户晓，虽然《三毛流浪记》已经在国内出版多年，但是王韶华和大赛组委会商讨，最终让这一并不符合大赛评比规则的无字书获得了“特别荣誉奖”——为张乐平专门定制的奖项。这也是中国人首次获得国际上这一专业赛事的大奖。张乐平获得这一奖项之后，吸引了很多创作者投稿，而且还带动了很多著名画家只针对这一赛事而专门创作具有中国文化特色的无字绘本。

2022 年 4 月 5 日，伦敦国际书展线下展览实现回归。而 2022 年正值中英建立大使级外交关系 50 周年，为了发挥图书在文化交流方面的重要载体作用，经严格筛选，优中选精的 100 种图书在中国驻英国大使馆及伦敦国际书展的官网“阅读中国”专页上进行了集中展示。除了《中国文化》《中国艺术 5000 年》《汉字与书法艺术》等成人出版物之外，还有《鄂温克的驼鹿》《小悟空历险记》《小明与兵马俑》《中国好故事》等少儿类图书。由此我们可以看出，少儿出版人已经清晰地把握了图书出版“走出去”的思路和方向，真正达到了通过少儿出版物讲好中国故事、传播好中国声音的目的。

像这样积极践行文化“走出去”战略的案例还有很多，每一个都是出版工作从业者努力拼搏的见证。《出版商务周报》数据显示，2012—2022 年这十年，我国成了全球最大的少儿图书市场，少儿出版也成了图书零售市场占比最大的板块。新闻出版产业报告的数据也显示，2012 年，我国出版少年儿童读物 30966 种，其中初版图书 19396 种，占比超过 60%。2020 年，全国共出版少年儿童读物 42517 种，其中新版 18565 种，重印 23952 种。这些精彩的数据里包含着全国 200 多家少儿出版机构和无数出版人的共同努力。他们积极探索少儿出版的集团化、产业化、数字化和国际化道路，依托其强大的市场运作能力以及国家的政策扶持，在立足国内的基础上，积极践行“走出去”战略，与世界各个国家的少儿出版界进行了频繁的交流，通过“经典中国国际出版工程”“丝路书香出版工程”等项目的具体实施，在推动中国少儿出版“走出去”和国际上的少儿出版“走进来”等方面发挥了积极作用。

2013 年 11 月，中国上海国际童书展亮相，为我国少儿出版走出去提高了国际传播力、竞争力和影响力。拿图画书这一儿童出版物形式来说，这一产生于 20 世纪的图书种类，得到了儿童心理学家和教育家的高度认可，他们都认为图画书非常适合低龄幼儿和年级较低的学龄儿童阅读。在国际上，绘本已经走过了 100 多年的发展历程，在发达国家有“儿童的首选读物”之称。像我们耳熟能详的经典绘本《比得兔的故事》《猜猜我有多爱你》等，虽然面世于几十年前甚至一百多年前，但至今仍在世界各地广泛流行。我们今天推动中国原创绘本的创作，推广中国绘本的阅读，如果能让中国的原创绘本在几十年后还能作为世界经典，被全世界的小读者所喜爱，那么对于一直在这个领域深耕的出版人、推广人来说都是有价值的，是功德无量的。就像外国读者看过我国的原创图画书之后作出的评价一样——掌握了孩子，也就掌握了世界的未来。有着深厚底蕴的中国文化是世界未来的宝贵财富，积极践行文化“走出去”战略，才能让这份财富为世界少年儿童所共享。

实行疫情放开政策后，地域间的流动开始逐渐恢复常态，国际交流也逐渐恢复到原有的秩序。从事少儿出版的我们在新征程上继续发展，引入先进技术，如 AR、VR 等，创新少儿出版的内容和形式，在提高阅读体验和吸引力的同时，打造更多

符合年轻读者需求的文化产品。我们在突出中国特色方面下功夫，继续立足我国传统文化的不朽根基，挖掘和展现我国的传统文化，为国内外读者提供更多中国特色的优秀少儿图书。我们也将一直走在积极开展阅读推广活动的路上，加强与图书馆、学校等机构的合作，提高青少年读者的阅读兴趣和能力，从少儿阶段开始夯实文化自信基础。

我们还将继续寻求多元化发展模式，拓展儿童出版的内容和形式，针对不同年龄段、性别，尤其是有不同文化背景的国际读者，满足他们多元化的阅读需求。在未来，在具体实施少儿出版“走出去”战略上，我们也将践行党的二十大会议精神，坚持对马克思主义的坚定信仰不动摇，坚持对中国特色社会主义的坚定信念不跑偏，为了更加丰富人民的精神文化生活，为了中华民族更加具有凝聚力、中华文化更具有影响力，为中国式现代化建设中的物质文明和精神文明的协调发展作出自己应有的贡献，为我国成为富强、民主、文明、和谐、美丽的社会主义现代化强国，真正实现铸就新辉煌的目的而努力奋斗。

崇德尚艺，为时代讴歌

当我在搜索引擎里输入“崇德尚艺”四个字的时候，看到下面的十条热点话题中至少有三四条是和文艺相关的。而霸占热点话题首位的多数和某个演员有关，要么是火了，要么是“塌房”了。文艺有“时代前进的号角”之称，是一个时代风貌的具体体现，也是一个时代风气的最强引领。所以看到这样的热搜内容，我不知道该感叹些什么。如果从文艺工作从业者的角度给“崇德尚艺”下一个定义的话，那就是文艺工作者要在人格魅力和道德操守上有高尚且坚定的信念，德行上要过硬，思想上要靠得住，先修德、先做人，满足了基本的道德要求，才能修炼自身的艺术品格，才能成为时代的典范和楷模。

党的二十大，习近平总书记站在全面建设社会主义现代化国家、全面推进中华民族伟大复兴的高度，对文化事业作出了“推进文化自信自强，铸就社会主义文化新辉煌”的战略部署，在“繁荣发展文化事业和文化产业”中提到了“坚持以人民为中心的创作导向，推出更多增强人民精神力量的优秀作品，培育造就大批德艺双馨的文学艺术家和规模宏大的文化文艺人才队伍”。报告通过五个方面阐释了中国特色社会主义文化发展道路，也为新阶段文艺工作的发展提供了理论导向。报告强调，“坚持中国特色社会主义文化发展道路，增强文化自信，围绕举旗帜、聚民心、育新人、兴文化、展形象建设社会主义文化强国”，要“激发全民族文化创新创造活力，增强实现中华民族伟大复兴的精神力量”“坚持为人民服务、为社会主义服务，坚持百花齐放、百家争鸣，坚持创造性转化、创新性发展，以社会主义核心价值观为引领，发展社会主义先进文化，弘扬革命文化，传承中华优秀传统文化”。所以，作为时代号角的文艺工作更应该在培根铸魂上展现新担当、在守正创新上实现新作为、在明德修身上焕发新风貌，真正为时代讴歌。党的二十大为文艺工作在新时期的发展提供了丰厚滋养和科学指引。

第一，崇德尚艺，培根铸魂。意识形态工作是为国家立心、为民族立魂的工作。要巩固壮大奋进新时代的主流思想舆论，塑造主流舆论新格局。广泛践行社会主义核心价值观，用社会主义核心价值观凝聚人心、汇聚民力。这就要求文艺工作要用好红色资源，用更多体现社会主义核心价值观的文艺作品培根铸魂，让具有中国特色的文艺工作融入社会发展、融入日常生活。

第二，增强文化自信，筑牢文艺工作发展根基。衡量一个国家的文化发展情况，很大程度上要看这个国家的文艺工作者及其作品。所以新时期的文艺工作应坚守中华文化立场，提炼展示中华文明的精神标识和文化精髓，以深入生活、扎根人民的主题实践活动为载体，讲好中国故事、传播好中国声音，展现自信、可爱、可敬的中国文艺形象。

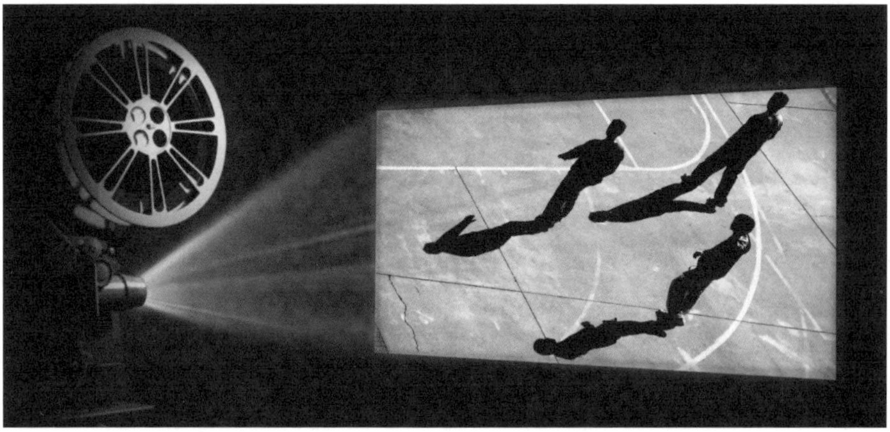

第三，立足本土文化，传播正能量，弘扬主旋律。中国的文艺工作源远流长且内容丰富多彩。红色文化、少数民族文化等有待于更深层次的挖掘，脱贫攻坚、乡村振兴等更是如史诗一般的时代“新宠”，都为文艺创作提供了取之不尽、用之不竭的素材。在这样的雄厚基础上，创作出更多坚持把社会效益放在首位、社会效益和经济效益相统一的文艺作品，才是文艺工作者努力奋进、攻坚克难、勇毅前行的职业主题。

第四，巩固文艺阵地，讴歌时代新貌，创作以人民为中心、深受人民群众喜爱的文艺作品。纵观党的百年文艺工作，一直坚持把建设民族的、科学的、大众的中华民族新文化作为自己的使命。文艺来源于人民，服务于人民，这就要求文艺工作者要深入人民的实际生活中，体验人民群众的现实生活，在平凡的生活中感受不平凡的传奇，在平凡生活的洞察中探索灵感，抒写时代，创作出更多思想内蕴深厚、艺术水平精湛、兼顾传统与创新的时代佳作，为人民群众提供丰富的精神食粮。

文艺事业是党带领人民建设的社会主义事业的重要组成部分，文艺战线也一直都是这一社会主义事业的重要战线。文艺事业从一开始就有其清晰的历史发展脉络，也产生出了很多优秀的文艺作品。如文艺工作起步初期，以刊物、小说、电影、音乐等方式积极开展革命文艺创作活动，产生了像小说《小二黑结婚》《暴风骤雨》、秧歌类剧目《兄妹开荒》、歌曲《东方红》《南泥湾》《团结就是力量》《中国人民解放军进行曲》等文艺作品。新中国成立以后，《小兵张嘎》《冰山上的来客》《江姐》《红岩》等精品电影、舞台剧、音乐、小说等纷纷涌现，反映了革命历史、现实生活、时代和人民的精神风貌。党的十一届三中全会以后，文艺工作迎来了新的春天，小说《乔厂长上任记》《平凡的世界》《尘埃落定》、歌曲《乡恋》《在希望的田野上》、电影《阿诗玛》《小花》《庐山恋》《孔繁森》等，深受人民群众的喜爱。党的十八大以后，出现了《战狼》《十八洞村》等众多优秀的影视剧作，很多影视剧作品还走出了国门，在境外引起热议，提高了中国文化的影响力。无论是哪个历史时期，优秀的文艺作品之所以能打动人心，让人难以忘怀，进而铭记在脑海中，不仅因为这些作品总是能反映当时的时代主题，跟着时代的节奏舞动，呈现出旺盛的生命力，散发出无穷的感染力；还因为这些文艺作品的诠释者，也就是文艺工作者，他们有着崇高的人生追求，在打造自己的艺术作品的同时，一直心系国家的未来、民族的振兴、人民的理想，以崇德尚艺的标准要求自己，用精湛的艺术功底展现时代风采，以自身饱满的热情投身于艺术创作。

在一百多年的文艺发展历史上，我们耳熟能详的那些文艺知名人士都靠着高尚的人格魅力和坚定的道德操守而“圈粉”无数，他们在德行上堪称标兵、在思想上堪称典范。2018 年 12 月 18 日，党中央、国务院授予知名影视演员李雪健以“改革先锋”称号和奖章，并将他评为弘扬社会主义核心价值观的优秀表演艺术家。而一提到李雪健，我们想不到、听不到，也看不到关于他的任何“花边新闻”，反而一提起他的名字，我们能想到的就是李大钊、焦裕禄、宋江等荧幕形象。无论是饰演知名人物，还是饰演那些普普通通的小人物，李雪健总能演出人物的灵魂，精湛的演技让他已经脱离了“演谁像谁”的地步，而是进入了“演谁是谁”的境界。为什么李雪健能做到这一点，和他一直提升演技、低调做人有很大关系，这在浮躁的娱乐圈非常难得。李雪健在年轻的时候就获得了国内最具权威的金鸡奖和百花奖奖项，而让他“封神”的就是电影《焦裕禄》。至今，他在颁奖典礼上的发言还广为流传：“苦和累都让大好人焦裕禄受了，名和利都让傻小子李雪健得了。”他之所以年纪轻轻就能说出这样的话，和他对自己演员身份的清醒认知不无关系，这也是他作为一个文艺工作者对名与利的清醒认知。李雪健之所以是一位德艺双馨的艺术家，可以说和他一直秉承“崇德尚艺、执着追求”的信念有关，这是他从事戏剧、影视表演工作 40 余年给自己设定的准则。

2022 年 2 月 4 日，中国蒙古族青年歌唱家、全国中青年德艺双馨文艺工作者乌兰图雅的《站在草原望北京》成为 2022 年北京冬奥会开幕式热场歌曲。而一提起乌兰图雅，我们想到的都是她那悠扬绵长、荡气回肠的歌声，然后在心中就能描绘出祖国的壮阔山河，北疆芳草碧浪、牛羊成群的草原风光。她的演唱风格一直是嘹亮明快、高亢豪迈的，她也是用这种风格表达她对祖国和家乡的深刻理解，以及对它们的深沉爱恋。乌兰图雅一直坚持奋斗的文艺底色，创作出能唱进人民群众心中的歌曲是她对文艺工作的要求。从一个怀揣音乐梦想的草原姑娘，不断成长为家喻户晓的新时代歌者，乌兰图雅对此有清醒的认知，她知道自己取得的成功来源于伟大的时代，来源于创造了无数辉煌成就的祖国，来源于基层的人民群众。正是因为有着这样清醒的认知，乌兰图雅才能在十多年的演唱生涯中取得那么多优异的成绩。她的代表作《站在草原望北京》《天南地北唱中华》分别在 2014 年和 2018 年被中宣部评为中国梦优秀作品；2019 年，她的《点赞新时代》获中宣部第十五届精神文明建设“五个一工程”奖……乌兰图雅作为文艺工作者中的一员，肩负着沉甸甸的责任与使命，一直走在为时代讴歌、为祖国喝彩和为人民歌唱的奋斗路上。

2023 年，一个演员实现了逆袭，火上了热搜，他就是张颂文。成为“顶流”的张颂文不是什么年轻小伙，也不是偶像派，“一炮而红”的他已经 47 岁了。而他成为顶流是因为一部由中央政法委宣传教育局、中央政法委政法综治信息中心指导拍摄，徐纪周执导的反黑刑侦剧——《狂飙》。他在剧中饰演的高启强经历了两个时期：一个是备受欺凌的卖鱼小贩的“白”时期；一个是心狠手辣的黑帮头目的“黑”时期。这两个时期的人物虽然都是高启强，但却是两个截然不同的形象。对这个人物的成功塑造，作为扮演者的张颂文功不可没。他的表演艺术纯熟，把握人物角色能力精湛，为了演好《狂飙》、演好高启强，张颂文早上四五点就会去批发市场，看真正的鱼档老板是如何卖鱼的。正因为这样，他才能通过剧中那个在鱼缸里洗手的小动作让我们看到鱼贩身份的真实感。也正是因为他对自身演技的不断追求，才能让他把卖鱼时期高启强具有的谨小慎微的讨好姿态和黑帮老大时期的底气十足演绎得淋漓尽致。因为饰演的黑帮老大过于形象，有网友甚至开玩笑地说“建议查一查张颂文，是不是真涉黑”，足见他塑造的这一形象多能引起观众的共鸣。而张颂文“红”了之后，不仅没有曝出一点“黑料”，反而让我们看到了一个表演艺术家对文艺的至高追求和对生活的真切热爱。在张颂文没有“大火”之前，“挑剔”的他没有钱买房子，甚至有时候连租的房子都交不起房租。可是就算这样，他也不去演一些违背自己职业良心的角色。这就是一个一直以“崇德尚艺”为标准要求自己的演员。

文艺工作者中类似这样的人有很多：蓝天野是国家“七一勋章”的获得者，他从事话剧工作 60 余年，享有“真正有艺术品质和高级趣味追求的艺术家”的美誉，在演艺界具有良好的口碑。他曾对众多年纪尚轻的演员说过，要做一个德艺双馨的艺术家，就要永远把德放在第一位，这样才能在成为一个好演员之前先成为一个好人。著名演员奚美娟则一直用“演员十诫”约束自己，她一直说，要爱自己心中的艺术，不要爱艺术中的自己。在提升演技方面，她也一直秉承“台上一分钟，台下十年功”的教导。豫剧演员常香玉，“戏比天大”是她一生的承诺和追求……文艺领域的一个个他和她坚守着阵地，一直在中国特色社会主义思想的坚强指导下，履行着自己作为文艺工作者的职责，崇德尚艺、培根铸魂，为社会主义文艺阵地的清朗风气做着自己的贡献。

党的十八大以来，中国特色社会主义进入新时代。习近平总书记深刻指出：“当代中国，江山壮丽，人民豪迈，前程远大。时代为我国文艺繁荣发展提供了前所未有的广阔舞台。推动社会主义文艺繁荣发展、建设社会主义文化强国，广大文艺工作者义不容辞、重任在肩、大有作为。”十年来，以习近平同志为核心的党中央高度重视文艺工作、文联工作，就文艺和文联工作发表了一系列重要论述，作出了一系列重要指示，提出了明确要求。在如何加强文艺队伍建设方面，习近平总书记在 2014 年的文艺工作座谈会上强调：“文艺工作者要自觉坚守艺术理想，不断提高学养、涵养、修养，加强思想积累、知识储备、文化修养、艺术训练，努力做到‘笼天地于形内，挫万物于笔端’。除了要有好的专业素养之外，还要有高尚的人格修为，有‘铁肩担道义’的社会责任感。”2016年11月30日，在中国文学艺术界联合会第十次全国代表大会、中国作家协会第九次全国代表大会开幕式上，习近平总书记也在讲话中强调：“广大文艺工作者要做真善美的追求者和传播者，把崇高的价值、美好的情感融入自己的作品，引导人们向高尚的道德聚拢，不让廉价的笑声、无底线的娱乐、无节操的垃圾淹没我们的生活。”2019年3月4日，在参加全国政协十三届二次会议文化艺术界、社会科学界委员联组会时，习近平总书记在讲话中强调：“如果不把心思和精力放在创作精品上，只想着走捷径、搞速成，是成不了大师、成不了大家的。”习近平总书记关于文艺工作，尤其是文艺工作者如何做到崇德尚艺的一系列重要论述，立意高远、内涵丰富，视野开阔、纵贯古今，深刻阐明了社会主义文艺工作者的地位和作用，以及发展的方针原则和目标任务，深刻回答了社会主义文艺工作者在文艺事业发展上的方向性、全局性、战略性等问题，为新时代文艺工作和文联工作提供了根本遵循，指明了前进方向。

党的二十大召开之后，各地纷纷认真贯彻落实习近平总书记对文艺工作的重要讲话精神，落实中宣部对于文娱领域综合治理的工作。2022年11月8日下午，北京市文联举办了“崇德尚艺 笃行致远——首都文艺界职业道德巡回宣讲”首场报告会。40 名活跃在创作一线的首都文艺评论家和文艺评论工作者聆听了首场报告。宣讲会上，北京民间文艺家协会副主席、第二批国家级非物质文化遗产项目“风筝制作技艺”代表性传承人、北京市文联文艺工作者职业道德建设委员会委员、北京市第二届中青年德艺双馨文艺工作者哈亦琦带来了这样的分享：“要想做好风筝，首先必须把骨架做好、扎牢。这就如同我们做人一样，一定要走得正行得端。我觉得人生就像做风筝，只有心存高远、脚踏实地才能勇攀高峰。”

总之，党的二十大为文艺工作提供了丰厚思想滋养和科学创作指引。一代代文艺工作者们定将不忘初心、牢记使命，为时代讴歌、为人民起舞，展现文艺工作者的使命担当。站在新的起点，他们将把记录新时代、书写新时代、讴歌新时代的重大使命扛在肩上，把崇德尚艺作为自身发展的生命线，把推出更多精品力作作为自身发展的立身之本，为繁荣发展中国特色社会主义文艺事业、推进文化的自信自强和把中国建设成为社会主义文化强国作出新的贡献。

图书馆里溢满书香，丰盈百姓文化粮仓

也许是从小就喜欢看书的原因，也许是自己从事的图书管理员工作，我对图书馆有着特别的亲切感。小的时候生活的县城里，没有图书馆，我总会去新华书店看书、买书。长大以后生活在城市里，从事了图书管理员的工作，开始不沉迷于对书的买买买了，而是把看书这件事挪到了图书馆。工作之余，我就会专注地一本接一本地看书，把自己浸润到书香里，什么烦恼和忧愁都跑到了九霄云外。以后一有机会，无论去到哪个城市、哪个国家，我都去逛一逛当地的公共图书馆，也收获了很多不一样的感受。

早在几千年前，世界上最早的图书馆就已经出现了，那就是位于美索不达米亚平原的尼尼微图书馆。尼尼微图书馆是迄今为止考古发现的人类古代文明遗址中保存得最完整、规模最宏大、书籍也最齐全的图书馆，是真正意义上的图书馆。而在我国，图书馆也由来已久，只不过起初并不叫这个名字罢了，而是叫“府”“阁”“台”“殿”“院”等，西周时期的盟府，两汉时期的石渠阁、兰台，隋唐两代的观文殿，以及宋朝的崇文院等都是图书馆的前身。而“图书馆”这一称谓传入我国应该是 19 世纪末时的事了。到了现代，图书馆的功能基本上没有变化，依然是藏书之所，但是却有了各种各样的职能和形式。如果详细描述一下图书馆的话，那是搜集、整理并收藏图书资料以供人们阅览、参考的机构，具有保存人类文化遗产、开发信息资源、参与社会教育等职能。其实，说得简单易懂一些就是，图书馆是为人民群众的阅读文化生活服务的场所。在我国，图书馆又具有多种类型，如文化系统的公共图书馆、教育系统的学校图书馆、科学院系统图书馆及科研机构图书馆、工会系统的工会图书馆等。因为其他的图书馆类型具有局限性，并不是所有人都可以自由进入，所以我只介绍文化系统的公共图书馆，也就是像国家图书馆，各省、自治区图书馆，县图书馆以及文化馆图书室等，说说它们是如何丰富广大百姓精神文化生活的。

党的二十大，习近平总书记从中华民族伟大复兴战略全局和世界百年未有之大变局的高度，从统筹推进“五位一体”总体布局、协调推进“四个全面”战略布局的高度，从 11 个方面对党和国家事业作出了全面部署，在“推进文化自信自强，铸就社会主义文化新辉煌”中就提到了“以社会主义核心价值观为引领，发展社会主义先进文化，弘扬革命文化，传承中华优秀传统文化，满足人民日益增长的精神文化需求，巩固全党全国各族人民团结奋斗的共同思想基础，不断提升国家文化软实力和中华文化影响力”。报告强调：“以社会主义核心价值观为引领，发展社会主义先进文化，弘扬革命文化，传承中华优秀传统文化，满足人民日益增长的精神文化需求。”

党的二十大报告从五个方面对文化发展提出了新任务、新要求，同时也提供了新思路和新方法，分别是建设具有强大凝聚力和引领力的社会主义意识形态、广泛践行社会主义核心价值观、提高全社会文明程度、繁荣发展文化事业和文化产业、增强中华文明传播力影响力。其中在提高全社会文明程度方面，提到了“深化全民阅读活动”，这是继党的十八大报告中第一次提出“开展全民阅读活动”之后，“全民阅读”第二次写入全国党代表大会的报告中。从“开展”到“深化”，体现了党和国家对百姓精神文化生活的高度重视。不仅如此，“深入推进全民阅读，建设‘书香中国’”也是“十四五”规划和2035年远景目标纲要中的重要内容，而且从2014年开始，“全民阅读”连续9年被写入政府工作报告。这一系列重磅举措，都在说明阅读对人民精神文化生活的重要性。阅读可以增长知识、启迪智慧，让人们的思想得到启发，如今图书馆遍布祖国的大江南北，无论城市还是农村，都建有各种类型的图书馆，让人民群众在图书馆里浸润书香，让百姓的精神“粮仓”更加充实、更加兴旺、更加丰盈。

要说我国最早成立的一批具有现代意义的图书馆，一定少不了吉林省图书馆。吉林省图书馆于1909年成立，那还是清朝宣统元年，新中国成立后，吉林省的省会由吉林市变更为长春市，吉林省图书馆也迁移、重建，并重新开馆。目前的吉林省图书馆共计六层，分地上五层和地下一层，总占地面积 44700 平方米。馆藏图书规模宏大，达 500 万册之多，其中古籍类的线装书籍达 43 万册，更有唐人写经、宋元明刻本、稿抄本及名家批校题跋本等，都是稀世珍品；此外还有民国时期的书刊 12 万册，伪满时期的资料 5 万册，都是具有较高研究价值的历史资料。除了这些浩瀚的馆藏书籍可供百姓阅览之外，为了让广大人民群众能有更加舒适的阅读体验，馆内还设置了阅览座位 3000 个、网络结点 4000 个，日均接待读者能力 6000 人次。

这些年来，吉林省图书馆一直保持初心，牢记图书馆人的使命，积极进取，砥砺前行，一直把“学术立馆，服务兴馆，人才强馆，合作活馆”的理念牢记于心，不仅做好了文献资源的建设工作，也做好了读者的基础服务工作。在此基础上，吉林省图书馆一直积极开展各类文化活动，为打造百姓的精神文明“粮仓”作出了卓越贡献，在做好常规性展览展示的同时，还开展了如“文化吉林讲坛”、精品典籍展览、特殊群体服务、未成年人服务等各种与读者息息相关的服务活动。党的二十大召开以后，吉林省图书馆已经开展了多项践行二十大精神的主题活动，如“奉献社会，引领文明”主题文明实践活动，以“文”纳福、玉兔迎春的新春文化活动，致敬最美逆行者——吉林省图书馆防疫志愿者公益观影活动等。吉林省图书馆在形式和传播载体上不断创新发展，让图书馆内溢满书香与文明之香，丰富百姓的精神文化“粮仓”的同时，也为振兴吉林的文化建设作出了应有的贡献。

2022年的暑假，正值三伏天，外面暑意浓郁，山东省日照市东港区图书馆里却清凉舒爽。进入暑期以后，东港区图书馆几乎天天都经历客流量高峰，到这里读书的人非常多，几乎每天都可以突破2000人次，这和东港区图书馆的设施先进、馆藏丰富、服务完善有很大关系。该图书馆是作为东港区的文化“新地标”而建设的，在对区域公共文化服务体系的高度完善、民众对知识获取的需求得到满足、整个城市的文明素质水平得到提升等方面都起到了非常重要的作用。每天，来到图书馆借阅图书、查阅文献、安静学习的人络绎不绝。有的读者为了准备考试，几乎每天都来，因为这里的资料相对齐全，而且图书馆的自习区域读书和学习的氛围特别好，在这里学习更容易集中注意力，学习效率也更高。不仅如此，在每个楼层的固定区域都全天候地供应饮用开水，并且为年纪较大的读者准备了老花镜及应急医药箱等物资，旨在为读者打造一个舒心无忧的阅读环境。读者在这样的书香氛围里无论是驰骋在知识的海洋，还是沉浸在文学艺术的殿堂，日益增长的精神文化需求都得到了充分满足。

2023年伊始，江苏省淮安市委办公室联合市政府办公室共同出台了《关于加快书香淮安建设实施意见的通知》，在对人口、环境、交通等因素进行综合考量并进行实地考察以后，打造了名为“15分钟阅读圈”建设的民生工程。工程由城区以内的图书馆为主导，其他如社区新时代文明实践站、特色书屋、阅读网络等为辅助，统筹推进，以满足市民群众对阅读的需求。

目前，淮安市已经建成了淮安书房26个，这些书房都是24小时自助式的，它们连同淮安市图书馆新馆一起，形成了“1+80+N”的城乡阅读服务网。而“15分钟阅读圈”也因为政府网站、微信公众号、融媒体等方式的推广而初具成效，让广大人民群众体验到了公共文化的发展给自身带来的幸福感和获得感。不仅如此，淮安市阅读服务网络上的每一个分支，如淮安艺校分馆、爱情小镇等分站的馆藏图书一直保持着持续的更新，图书更新数量累计达1万余册，涉及的内容包括且不限于文学、艺术、健康、历史、红色革命等热门种类，都是在百姓中广受欢迎的品种。此外，淮安市图书馆还进一步提升了服务环境，打造了一系列优质文化活动，如淮上讲堂、行走的阅读、翔宇讲坛等，与其他专注分层阅读推广的阅读空间一起，推动了整个淮安市优质阅读服务资源向整个基层的延伸，让“淮安书房”成了淮安市独具特色的文化品牌，也让淮安市因为“随处遇见书”而成为一道独具特色的文化名景。正是因为淮安市的这些图书馆，也正是因为这些图书馆为百姓精神文化生活所作出的努力，让阅读这一中华民族自古便崇尚的习惯融入了现代社会一个个普通百姓的日常生活，让他们享受了阅读之美、文化之香，也让整个城市因为有了书香而变得更美丽，因为有了阅读而变得更充盈，因为有了文化而变得更富有。

如果说城市里的图书馆建设是党领导的政府对城市居民精神文化需求的满足，那么农家书屋建设就是党领导的政府对农村居民精神文化需求的满足。农家书屋在一定意义上也是建在乡村的袖珍图书馆。江苏省常州市武进区牛塘镇丫河村的村委会大楼里，就打造出了一个这样的乡村图书馆。这个农家书屋是中式的，竹制的卷帘、深棕的色调、古朴的书桌，无不透露着古色古香的文化气息。该农家书屋不仅有可供村民舒适阅读的书案，还有可供对弈的象棋桌椅，书屋外面还设置了读书角，也配备了极具文化气息的茶桌、椅子等，村民可以自主选择在哪里进行阅读——屋内感受古色古香的汉唐传统文化，屋外观赏自然美景。无论是哪一种，都将农家书屋的活力充分地激发了出来，满足了基层百姓的精神文化需求。为了确保农家书屋能一直有序地运营下去，丫河村村委会想了很多办法，比如组建“书屋领读人”志愿服务队伍，开展“童书领读”“DIY 书签制作”等活动。在这些活动的引领下，书香在丫河村四周弥漫，文明在丫河村四周放光，村民对阅读的热情被充分点燃，农家书屋这座文化“粮仓”也丰盈了起来。

全民阅读正当时，最是书香能致远。像这些满溢书香的图书馆、农家书屋在祖国大地上还有很多，也正在蓬勃发展……

党的十八大召开以来的十年间，也是“全民阅读”首次提出并开展的十年间，文化和旅游部的统计数据显示，我国公共图书馆建设进展积极且迅速，公共图书馆的设施及网络体系发展渐趋完备，图书收藏数量呈稳步增长态势。以 2021 年为例，全国平均每万人公共图书馆建筑面积 135.5 平方米，全国人均图书藏量 0.89 册，与 2012 年相比分别增长了 73.3% 和 74.5%。依然以 2021 年的数据为例，我国公共图书馆的总流通人次为 74613.69 万，书刊文献外借 58730.15 万册次，与 2012 年相比分别增长了 71.8% 和 76.9%。截至 2021 年底，我国公共图书馆的总藏量为 126178.02 万册，是 2012 年总藏量的近 2 倍；图书馆内设置的阅览座席数量为 134.42 万个，也是 2012 年阅览座席数量的近 2 倍；全年公共图书馆的实际持证读者数量超过 1.03 亿人，是 2012 年实际持证读者数量的 4 倍多。如此庞大数量的人民群众开始走入溢满书香的图书馆，既是对国家公共图书馆所提供的服务给予的充分肯定和高度认可，也是对党领导的国家作出的“全民阅读”政策的积极践行。随着《中华人民共和国公共文化服务保障法》《中华人民共和国公共图书馆法》的相继颁布与出台，公共服务相关的法律从国家层面有了进一步的完善，全民阅读活动也将更丰富、更有序、更广泛地开展。

党的二十大召开以后，有这些肩负着“文化粮仓”职能的图书馆，有我们这些数以万计的图书馆人，我国的公共图书馆定能发挥出自身思想教育、两个文明建设教育、文化素质教育和丰富群众文化生活教育四个主要职能，引导和帮助读者树立正确的世界观、人生观、价值观。作为图书管理员，我们会竭尽所能，利用物质形式的书籍，向读者提供健康有益的精神食粮，大力促进我国两个文明建设工作；我们会为读者提供完备舒适的学习条件和阅读氛围，为百姓的社会文化生活提供健康的文化娱乐方式，在传播文化、丰富群众业余文化生活方面起到积极作用。

相信在不久的将来，不仅我国公共图书馆所具有的服务效能会得到稳步的提升，而且百姓的“文化粮仓”也能不断丰盈起来，真正实现在书香中憧憬诗和远方。

伍

民生健康

推进健康中国建设。人民健康是民族昌盛和国家强盛的重要标志。把保障人民健康放在优先发展的战略位置，完善人民健康促进政策。

在健康中国建设中担当作为

健康是促进人的全面发展的必然要求。党的十八届五中全会提出推进健康中国建设，从“五位一体”总体布局和“四个全面”战略布局出发，对当前和今后一个时期更好保障人民健康作出了制度性安排。党的二十大强调“把保障人民健康放在优先发展的战略位置，完善人民健康促进政策”“创新医防协同、医防融合机制，健全公共卫生体系，提高重大疫情早发现能力，加强重大疫情防控救治体系和应急能力建设。”教育系统作为深入开展健康中国行动的重要一环，一直是倡导文明健康生活方式的基础和保障。近三年来，新冠疫情防控是一场保卫人民群众生命安全和身体健康的战役，对推进健康中国建设既是一次危机又是一次大考。在党和国家的坚强领导下，教育系统主动作为、积极行动，在科学防控、资源调度、物资储备、线上教学、线上就业、开学准备等方面开展了一系列扎实工作，取得了阶段性成效。随着学校逐步开学复课，如何帮助学生树立健康第一的理念，使其健康成长仍是我们的工作需要面临的压力和挑战，但越是在这种时刻，我们越要深入思考，明确我们的定位、承担我们的责任，开辟我们的新路径。

新冠疫情发生以来，在党中央集中统一领导下，我们全国动员、全员参与、全国一盘棋，横向到边、纵向到底，全力打赢了这场世所罕见的疫情防控阻击战。千军万马集聚湖北，四面八方驰援武汉，全民发动合力抗疫，迅速遏制并扭转了疫情扩散势头，开创了突发事件应急管理新模式。在做好国内防疫工作的同时，我们还以积极负责的态度开展了疫情防控国际合作，在国际社会赢得了高度认同，彰显了我们的大国担当。

我国巨大的政治制度优势是战胜疫情的根本保证。在中国共产党领导下，习近平总书记亲自领导、亲自指挥部署，各级党委都充分发挥出政治核心作用，指导带领各个基层党组织和广大党员干部，冲锋在前、示范在前，最终打赢了这场疫情防控阻击战。作为教育工作者，我们深入思考如何加强思想引领，用疫情防控中展现出的社会主义制度优越性教育和引导青年学生，让这场突如其来的疫情中体现的万众一心、共同抗疫、逆行而上、勇于斗争的精神，成为学生爱党、爱国、爱社会主义的生动课堂。我们还不断创新新时代学校思想政治理论课的教育教学，深入挖掘各地各校在抗击疫情中体现出来的精神和力量，挖掘抗疫事迹中的育人元素和课堂教学的生动素材，用实例向学生们深刻阐释我们社会主义制度的优越性，通过思政教学和宣传引导，有理有据地向学生进一步讲清楚，中国共产党为什么能，中国特色社会主义为什么好，教育和引导学生在学习生活中自觉增强“四个意识”、坚定“四个自信”、做到“两个维护”。同时，因势利导启发学生深入思考人类命运共同体的构建、新时代人与自然和谐共生等主题，引导学生形成正确的世界观、人生观、价值观，强化青少年担当图强、为中华之崛起而读书的使命意识。

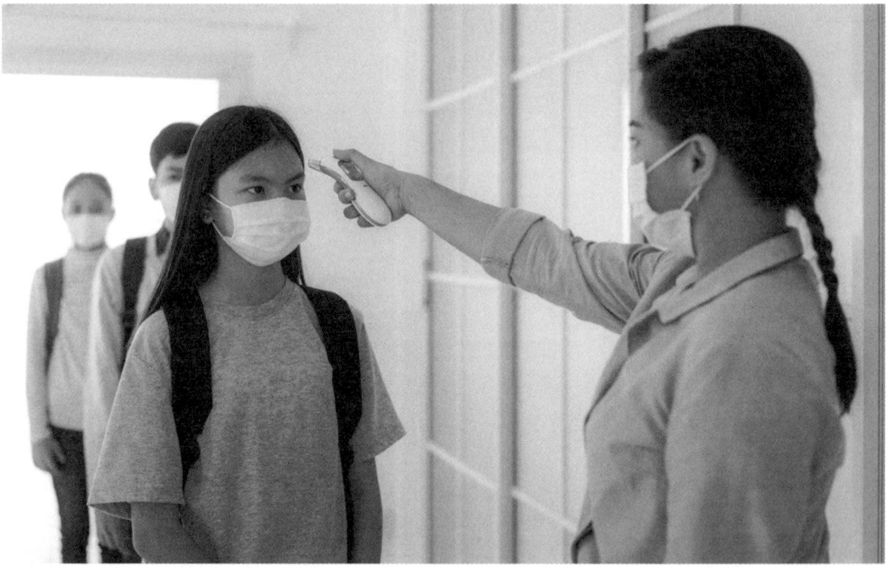

疫情防控不仅仅是单纯的传染病防控，更是考验教育治理的试金石和检测点。疫情突发对全系统的教育教学秩序造成了较大冲击，特别是对学校开展教学、科研，做好学生日常管理、

服务等各个方面都带来了严峻挑战。尽管我们超前谋划、及时部署、精准施策，推动了疫情防控和“停课不停学、不停教”，但在实际工作中，仍需要我们总结经验、补齐短板，以学生的身心健康发展为第一要义，把部署落实落细，把工作做实做好，把以学生为本的理念落实到位，并以此为契机深化教育治理的系统集成改革。

在这次抗击疫情过程中，我深刻体会到防控治理能力的重要性，从监测预警到应急处置，每一项工作都需要各部门协同配合，各单位联防联控，师生群防群控，每一个部门和个人都有自己的责任。只有齐心协力、同向发力，才能形成合力、落实有力。教育行政部门作为教育治理的宏观指导部门，要追求目标导向，长期重视重大传染病防控工作，提供制度供给，强化刚性约束，加快对传染病防控应急管理体系的建立，从而全方位提升应对突发公共卫生事件的能力，构建群防群控链式治理机制，形成统一指挥、统一带动、一体防控的行动机制。学校作为教育治理的中观层次和关键环节，要坚持问题导向，强化全面协同机制，主动融入属地管理，特别是在校园管控、后勤保障、医疗卫生防控等方面要积极开展工作协同，在做好常规教育教学和学校师生管理工作的同时，在日常健康宣传引导方面也要细化工作方案。要发挥常态化机关干部、专业教师、辅导员队伍、安保人员等的应急机制功能，强化网格化管理，形成凝心聚力、以点带面的机制，真正做到为师生的健康、成长和发展服务。师生作为教育治理的微观基础，要突出效果导向，学校要加强应急训练和急救知识教育，将有效的措施融入学校常态化的教育过程，使每个人都尽责、每个人都受益，真正在工作中强化危机意识，消除隐患、堵住漏洞。

“教育信息化”是近年来的热词。尽管疫情对日常工作产生影响，但“互联网＋技术”有效弥补了此过程中的效率缺损，在非常时期保障机关运行、工作运转、学生学习，我们也借助大数据应用推动了高效精准防控。信息技术在教育中的应用慢不得、等不起，我们以此为契机、为动力，推进教育变革再深入、再提速。一方面，我们注重运用现代信息技术，对师生健康状态和行动轨迹进行动态数据收集、监测和统计，推动学校健康工作更加科学化、精准化和高效化。另一方面，我们用教育信息化的思想深化教育改革，积极探索和应用线上线下混合的课程教学模式，打破时空限制，加强基础设施建设，推动科研技术和运行维护过程上移，从而促进学校专业的信息化教学应用有效下沉，特别要在教学内容方面深入改革，推动创新教学模式和方法，打造面向未来的教育。

习近平总书记在中央全面依法治国委员会第三次会议上的

重要讲话，深刻阐明了法治在疫情防控中的重要支撑作用，强调要全面提高依法防控、依法治理能力。我们正是在有效提升教育系统疫情防控工作法治化水平的基础上，在法治轨道上系统推进各项工作，执行关于疫情防控和开展应急处置的相关法规制度，树立法治思想，守卫法治底线，做细做实各项防控工作，做到既合法合规，又合情合理，把防控工作做到有理、有据、有节，取得了疫情防控的决定性胜利。

国内外防控传染病的经验表明，解决重大公共卫生事件，不仅在于刚性制度，如卫生清洁、消毒措施的规定，更在于柔性制度，尤其是应急教育在日常教学中的开展。随着生产生活的逐步恢复，开学复课逐步正常，我们更不可麻痹大意、掉以轻心。

对于学校来说，要深刻反思总结这次疫情防控过程中的做法和经验，将其作为开展学校卫生健康教育的契机，在教育、卫生、疾控等部门的协同性专业引领下，加强疫情防控知识、法律法规、政策措施宣传解读，使学生对各类传染病和卫生常识问题人人都了解、时时都可了解，教育和引导学生面对传染病防控、面对突发疫情等问题时，能够客观、科学、冷静地应对，不断增强防范意识和日常健康意识。三年的疫情防控经验告诉我们，传染性疾病并不可怕，重在科学掌握其病原性常识，明确其传播机理，从而对疾病致病危害提高重视。因此要不断增强自身科学防控传染病的能力，做好自身检测，养成良好的卫生习惯，按照科学指引做好个人防护。作为教师，我们更要换位思考、体验流程、模拟演练，有条不紊、不慌不乱处理突发状况，积极为学生答疑解惑，特别是关于疫情中的一些应急处置，各地各校都应建立并完善具体工作流程，让标准工作流程真正入脑入心，保障突发事件处置时稳妥有效，避免引发学生恐慌情绪。同时，我们还要强化家校社协同，综合各方力量，逐步形成全社会都关注身体健康的良好局面。比如设立体育展示墙，展现学生运动风采，将健康第一的教育理念贯穿到各项活动中，改变唯分数论、唯升学论的情况，实现基础教育高质量、轻负担的良好局面，把学生体质健康作为刚性任务落实到位，切实推动学生身体健康水平全面提升。

要提升学生健康素养，加强学校的卫生教育势在必行。学校肩负着校园传染病预防教育责任，除了经常性开展传染病防控教育，还要在师生群体中广泛开展对重大公共卫生事件、突发事件的应急教育。对于诸如手足口病、腮腺炎、流感等常见传染性疾病，在春季高发期要提早预警、组织干预，通过实践案例教学提高学生的公共卫生素养，比如充分利用校园广播、电视、网络等途径发声，发布科学健康的科普知识，进行专业抗疫宣教。此外，我们还要加强对师生的人文关怀，特别是对其餐饮、住宿等需求，要加大关心力度，建立健全投诉举报机制，对合理诉求及时处置，真正为师生提供周到细致的暖心服务，营造一个安全、卫生、舒适的教学和生活环境。

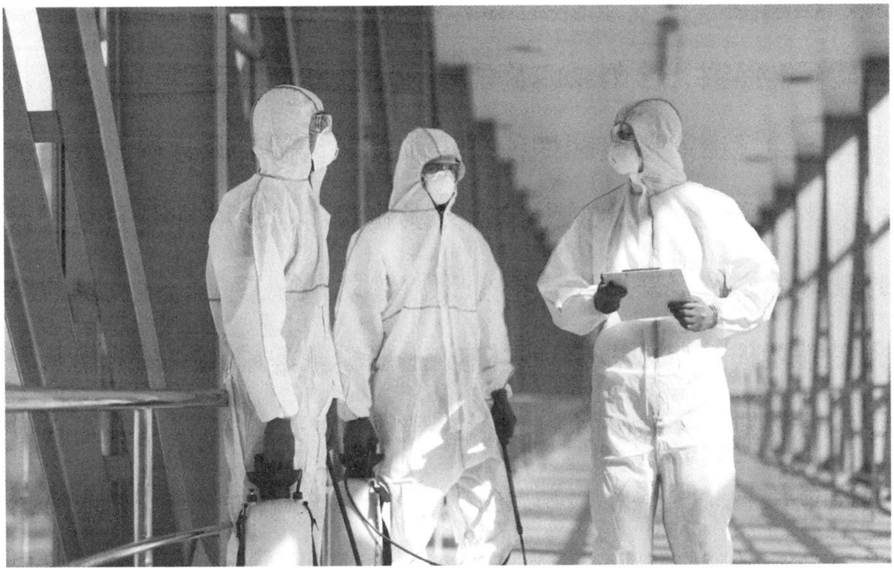

病毒是人类共同的敌人。人类与病毒的缠斗伴随人类生存的历史，并将长期持续下去。历史经验告诉我们，只有相信和依靠科学，才能真正有效地战胜病毒。

历史车轮滚滚向前，世界局势瞬息万变，现代化发展和竞争已不能单靠数量压制，更多是依靠科技对抗。很多科技研发的关键核心技术是不能等、靠、要的，需要我们真正提高水平去研究，只有掌握关键核心技术，才能提升竞争实力，保障我们国家的经济安全、国防安全和其他安全。我们要集中人力、物力、财力，先行一步，抢占先机，特别是医科类院校，要在攻克病毒的疫苗及药物研究上下功夫、出成果，从而实现跨越发展，为促进人民群众生命安全和身体健康贡献力量。

在抗疫过程中，暴露出公共卫生人才培养不足的问题。公共卫生与防疫人才培养不足是传染病防控的短板，从根本上看，强化教育才是补齐短板的根本性举措。目前，我国医学类专业共有 11 个大类，58 个本科专业。我们要结合“双一流”建设，以学科建设为龙头，远近结合、内外兼修、上下契合，以学科建设带动人才培养、团队建设及科研成果产出，抢占未来医学发展制高点。在工作实践中，我们一是结合“十四五”教育发展规划，围绕人才培养这个中心任务，聚焦构建服务全民终身学习的教育体系，做好前瞻与预期，优化学科结构与资源配置，扶优、扶需、扶特、扶新，为医学教育、科研和临床医学发展提供科学引领。二是结合研究生扩招、高职扩招，研究出台更多普通高校公共卫生专业的相关政策，加强政策倾斜，吸引更多优秀学生投身卫生事业，推动公共卫生与防疫人才培养扩大规模、提高质量。三是建立公共卫生与防疫的研究体系。科学防疫离不开学术研究、政策研究和应用技术研究，要充分利用重点实验室等平台，加快关键核心技术攻关，解决好当前困扰我们发展的技术性难题。四是将技术与临床紧密结合，打通成果落地转化应用通道，实现科研服务于临床、临床促进科研的良性循环，推动优秀的前沿科研成果尽快转化为造福群众的临床技术。五是促进医学与多学科的交叉融通。建立大医学概念，及时更新精准医学、转化医学、智能医学等新发展理念，探索培养“医学+”复合型人才，开拓新兴学科和交叉学科，推动新医科建设提质增效。

健康中国建设任重道远，尽管医学科研不断进步，但我们依然面临传染病防控等风险和挑战。我们要以发展的眼光，不断加强健康教育、提升健康素养、完善疾病防治能力，为教育发展积淀思考、长远谋划、推进落实，以“干在实处，走在前列”的追求纵深推进龙江教育现代化，把立德树人的根本任务落到实处，同时以健康教育为抓手，为推进健康中国建设、提高人民健康水平贡献力量。

加油站里看民生

开篇之前特意在电脑上搜索了一下加油站的定义。加油站——为汽车和其他机动车辆服务的、零售汽油和机油的补充站。这估计也是大多数人心中对加油站的一个定义。十年前、二十年前的加油站确实如上所述，但是随着科技的发展和民生的需求，加油站早已经不是一个只能为汽车和机动车提供汽柴油服务和机油服务的场所。现在的加油站可以加油、可以购物、可以修车、可以洗车、可以充电、可以办卡、可以缴费、可以喝茶、可以吃饭、可以洗澡、可以休息、可以……加油站正在向着更加多元化、信息化、市场化、智能化的方向发展。

党的二十大，习近平总书记站在统筹中华民族伟大复兴战略全局和世界百年未有之大变局的高度，站在统筹推进“五位一体”总体布局、协调推进“四个全面”战略布局的高度，从11个方面对党和国家事业作出全面部署，擘画了加快建设能源强国的新蓝图，为新时代我国石油工业指明了前进方向。中国石油始终胸怀“国之大者”，坚决扛起保障国家能源安全的责任使命。报告强调："高质量发展是全面建设社会主义现代化国家的首要任务。发展是党执政兴国的第一要务。"报告对国有企业和能源行业改革发展提出了新任务新要求。

第一，关于着力推动高质量发展。必须完整、准确、全面贯彻新发展理念，加快构建新发展格局。要毫不动摇巩固和发展公有制经济，充分发挥市场在资源配置中的决定性作用，深化国资国企改革。

第二，关于推动绿色发展。报告强调，要加快推动能源结构调整优化，发展绿色低碳产业，加大油气资源勘探开发和增储上产力度，加快规划建设新型能源体系，倡导绿色消费，推动形成绿色低碳的生产方式和生活方式。全面实行排污许可制，深入推进中央生态环境保护督察。

第三，关于国资国企改革发展。报告作出了"深化国资国企改革，加快国有经济布局优化和结构调整，推动国有资本和国有企业做强做优做大，提升企业核心竞争力"的重要部署，提出了"完善中国特色现代企业制度，弘扬企业家精神，加快建设世界一流企业"的明确要求。

第四，关于能源资源安全和能源行业发展。报告强调要深入推进能源革命，加大油气资源勘探开发和增储上产力度，加快规划建设新型能源体系，加强能源产供储销体系建设，确保能源安全。

第五，关于推进碳达峰碳中和。报告强调，实现碳达峰碳中和是一场广泛而深刻的经济社会系统性变革。立足我国能源资源禀赋，坚持先立后破，有计划分步骤实施碳达峰行动。推动能源清洁低碳高效利用，推进工业、建筑、交通等领域清洁低碳转型。

第六，关于国有企业党建工作。报告强调，要推进国有企业在完善公司治理中加强党的领导。新修订的《中国共产党章程》第33条重申“国有企业党委（党组）发挥领导作用，把方向、管大局、促落实，依照规定讨论和决定企业重大事项”。党的二十大报告和党章中关于国有企业和能源行业改革发展的这些新任务新要求，为中国石油推进高质量发展、加快建设国际知名、国内一流的油气氢电非综合服务商提供了根本遵循。我们要始终坚定“国之大者”的胸怀，提高站位、加深理解，融入大局、全面把握，把油品供应、绿色发展、企业革新等事关民生的职责履行好，为全面建设社会主义现代化国家作出新贡献。

能源在人类社会文明进步的发展过程中充当着重要的角色，是重要的物质基础和发展动力，而石油则堪称“生命血液”。加油站是成品油经营场所，攸关国计民生和国家安全，对于促进社会经济发展、增进福祉民生至关重要。中国石油深刻领悟以人民为中心的发展思想，与民生发展环环相扣，与社会进步同频共振。而加油站是服务民生的重要窗口，是央企担当的直接抓手，是展示石油风采的最佳蓝图。

从网点布局上讲，在雪山之巅有加油站，在戈壁深处有加油站，在繁华闹市有加油站，在边陲小镇也有加油站。这些加油站的设置考虑更多的是民生福祉，而不是企业收益。从政治责任上讲，暴雨侵袭时有石油人的身影，地震、台风发生时有石油人的身影，山火发生时有石油人的身影，疫情防控时也有石油人的身影……从应急救灾到灾后重建，石油人用实际行动守护山河无恙，危难时刻石油人从未缺席。哪里有需要，哪里就有石油人的身影。在石油人这里，再小的民生，都是头等大事，都需全心全意为百姓、为国家提供最优服务。

2022 年 10 月，新一轮新冠疫情在全国范围内多点散发，内蒙古呼和浩特在疫情的风暴区。为保障民生、保证能源供应，呼和浩特销售分公司所辖 102 座加油站在全城封闭的情况下全部正常运转，所有加油站闭环管理，加油站员工驻站运行，加油站 24 小时营业，为所有急救车辆、防疫车辆、消防车辆、救援车辆、民生物资保障车辆、社区消杀设备、方舱建设用油提供服务。同时加油站通过美团外卖担负着保证周边社区居民的民生物资采购的重担。有在方舱附近的加油站，有在隔离医院旁边的加油站，也有 120 急救车辆定点的加油站……加油站人逆行而上，在关键时刻送上保障生命的能源，所有人舍小家为大家，迎难而上无畏艰险。大台加油站是坐落在呼和浩特的一座五星级加油站，每天除了为供水、供电、供暖、物资保供防疫人员车辆等加油，还为 20 多辆 120 急救车辆加油，而这些车辆就是每天拉阳性患者的车辆，但是他们没有避之唯恐不及，也没有谈“阳”色变，而是对所有来站加油车辆做严格消杀，并且提倡顾客不下车支付，倡导线上支付。

除提供加油服务外，该加油站还开通了美团外卖业务，在全城封控的情况下，保证周边居民生活物资的供应。在 2022 年 10 月 7 日，加油站接到了一个求助电话。顾客称自己已经两三天没有喝水快要渴死了，让加油站务必将下单的水配送成功。原来他是工地工人，突然的封控让他不能出入，而他没有任何储备。通过美团，他找到加油站的联系电话，加油站为他送去了“救命水”。

2022 年 11 月 8 日凌晨 4 点 43 分，加油站经理突然接到了 110 打来的问询电话。原来是有一位怀孕 9 个月的孕妇突然要生产了，开车出发去医院的时候发现车辆没油了，打电话求助 110，所以 110 找到了中国石油加油站经理。情况紧急，加油站经理询问是否需要送油服务，在询问 110 民警后得知顾客目前车油量能够开到加油站，便告知民警加油员已经在入口处等待车辆前来，会用最快的速度为顾客提供服务。这样的事例很多，每天都在发生着不同的暖人故事。

冬天来了，风起雪下，顶风冒雪也没阻断石油人为内蒙古加油的步伐。截至12月2日，驻站管理已经过去60天了，加油站里住宿条件有限，没有住的地方，他们就用饮料箱子搭成床，把办公桌当成床。12月夜晚的呼和浩特零下20多度，寒风刺骨，睡在四面透风的库房里的他们却没有半句怨言。加油站经理是一位女同志，她是三个孩子的妈妈，一儿、一女、一加油站。她把加油站当孩子，把员工当家人，自己在癌症手术后第三天就重新上岗了，在现场施工监测的时候不慎摔倒造成右手臂骨折，但是她却没因受伤而影响一天工作……这样的加油站人还很多，这样的石油人还很多，他们是用奋斗谱写新时代劳动者之歌的缩影，是新时代铁人精神传承的见证人和实践人，是适应新时代现代化国有企业革新的石油人。

十八大以来，加油站在功能完善、基础建设、绿色环保等方面均发生了翻天覆地的变化。加油站从1.0变成了3.0模式。现在的加油站主打的经营项目就有“油、卡、氢、电、非”。除了加油站主营业务外还开展了多元的跨界合作，将智能化引入加油站，开启“人·车·生活”生态圈。业内把单一油品业务的加油站定义为1.0；引入“加油站＋互联网”，经营非油商品及服务的加油站定义为2.0；以加油站为平台，借助互联网、大数据、云技术等，通过融合、共享、跨界，实现“加油站＋互联网＋N”的模式定义为3.0。与1.0和2.0时代强调商品数量与种类的思路不同，3.0时代是以消费者体验为中心、大数据和其他科技驱动为支撑的广泛零售形态，是一次全新的服务升级。

据《中国石油报》报道，中国石油全面开启加油站3.0时代，目的是通过服务升级，为客户提供更优质与便捷的服务，它将传统零售业对“场货人”的排序改写为“人货场”，更加突出人的作用和人的需求，并根据消费者愈加多元化、个性化的需求制定服务方案，倡导一种智能、温馨、绿色的出行和生活模式。其中对1.0时代、2.0时代、3.0时代也进行了剖析。

1.0时代，中国石油加油站以油品供应和市场拓展为主业。1998年，集团公司重组改制，当时的市场构成相对单一，是以国有石油公司为主导的市场。全国6800座中国石油加油站并没有配置便利店，也不卖非油商品，更没有综合服务，这个时期加油站的发展目标是扩张网络，只是单纯地提供汽柴油、润滑油。

2.0时代，中国石油加油站以规范管理与非油业务发展为重任。2008 年在中国石油加油站望京南站第一家 uSmile 便利店开业，标志着中国石油加油站步入 2.0 时代。同时昆仑加油卡等系列产品也应运而生。现在全国加油站有 2 万余家便利店，形成了“油卡氢电非”一体化营销，多年来培育出“昆觅”“昆语”“昆享”“昆悦”等系列自主品牌产品。加油站向智能化、品牌化、市场化革新。

3.0 时代，中国石油加油站以客户体验和服务升级为目标。现在加油站便利店遍布全国并走出国门，随着大数据、新零售的兴起，消费者需求越来越多元化、个性化，加油站向全渠道的综合服务平台转变。这个时期的中国石油加油站，提供的商品与服务不再局限于汽车，而是覆盖汽车和驾车人整个生命周期的全面需求，加油站的业务不再是“我有什么你买什么”，而是“客户需要什么我卖什么”。

随着时间的推移和市场的变化，现代化、时代化的加油站在安全环保、绿色发展方面更加系统完善。加油站开启远程地罐交接，所有加油站均安装液位仪实时监控，加油机内安装防水滤芯，在油品接卸过程中不影响现场加油。同时加油站均进行双层罐改造，确保安全环保无渗漏，所有汽油加油机均使用油气回收加油枪、加油胶管，加油机安装油气回收泵，加油站安装油气回收在线监测系统以及三次油气回收系统。油罐安装防渗漏监测系统确保加油站安全运行，所有数据都在系统中得到有效监测，加油站在全力推进绿色发展新国企进程。加油站油品品号也从原来的90#汽油、93#汽油、97#汽油到现在经营的92#、95#、98#汽油，油品品号的升级是国有企业发展的要求，更是市场的要求。从2023年1月1日开始，国内的成品油质量进一步提升，国VIB标准车用汽油全国上线，逐步替代VIA汽油。从2022年11月开始，中国石油便着手此项工作。这两种汽油有一个非常显著的差异，即烯烃含量不同，VIA汽油当中的含量为18%，而VIB汽油当中的含量只有15%，成品油质量的提升使废气排放得到更有效的控制。随着汽车保有量不断提高，大量尾气排放物对环境造成了巨大影响，多地出现雾霾。碳排放量的超标，也进一步加剧了全球变暖，所以油品品质提高势在必行。汽油对一个国家来说是非常重要的，人民的生活离不开汽油，国家的发展更离不开汽油。而随着科技的发展和社会的进步，汽油的品质也越来越高，这对于民生来说是一件好事。近年来，中国石油油品升级的脚步从未停下，已经做过多次油品升级工作。从国II到国VIB到接下来的国VII，汽车吃的“粮食”越来越健康、越来越精细，尾气排放、废气微粒越来越少，环境也越来越好了，这些无不关乎民生。

加油站在加油卡管理方面已经由原来的实体卡转变为“实

体卡 + 电子卡”模式。而且现在各所属加油站均在积极推进电子加油卡的普及使用，只要使用普通的智能手机就能轻松办理加油卡，绑定加油卡后便可以支付消费，方便快捷。同时各加油站积极推进其他线上支付方式，微信、支付宝等模式在加油站可以实现扫码支付；使用中油好客 e 站 App 可以绑定加油卡支付和微信、支付宝等支付，这些支付方式可以让顾客实现不下车支付。现在线上支付已经成为加油站支付方式的主旋律。加油站还开启了自助服务，顾客可自行加油。更有高端科技应用到加油站，通过 App 控制就可以实现机器人加油。智能加油机器人将会通过摄像头，精准地识别油箱盖的位置，然后通过它的机械臂打开油箱盖进行加油服务。现在的加油站可以购物，可以洗车，可以充电，可以加气（LNG 或者 CNG），可以榨果汁、喝冷饮，可以办保险、寄快递……加油站在倾情打造全面发展综合体。现在的加油站以顾客为中心，有顾客画像的意识，从顾客最真实的需求出发，精准营销，持续发力。从顾客进站到顾客出站，全方位、全过程、全身心地投入服务，力争使顾客百分百满意，将头回客转变为回头客。

2022 年 10 月 23 日，习近平在二十届中共中央政治局常委同中外记者见面时的讲话中强调：“新征程上，我们要始终保持昂扬奋进的精神状态。全面建设社会主义现代化国家寄托着中华民族的夙愿和期盼，凝结着中国人民的奋斗和汗水。中国式现代化是中国共产党和中国人民长期实践探索的成果，是一项伟大而艰巨的事业。”

2022 年 11 月 1 日，中国石油天然气股份有限公司举行二十大精神宣讲报告会。党的二十大代表，集团公司党组书记、董事长戴厚良作宣讲。他表示，通过现场聆听党的二十大报告、参加中央企业系统（在京）代表团讨论以及这段时间以来的持续学习，深刻感受到新时代新征程集团公司肩负的重大责任和光荣使命，进一步坚定了推动高质量发展、加快建设基业长青世界一流企业的信心和决心。同时在下基层调研的过程中，戴厚良同志表示，学习宣传党的二十大精神，既要整体把握、全面系统，又要突出重点、抓住关键。要认真学习习近平总书记在党的二十大期间和二十大前后发表的系列重要讲话，坚持全面准确，深入理解内涵，精准把握外延，做到原原本本、逐字逐句学习党的二十大报告和党章，认真领悟党的二十大提出的新思想新论断、作出的新部署新要求；要结合深化学习习近平总书记关于国有企业改革发展和党的建设的重要论述，不断深化认识、系统把握、贯通运用，在推进中国式现代化中展现企业新担当新作为。所属各党支部的加油站，努力实现无空白班组，通过“三会一课”和主题党日，推进对党的二十大报告及相关内容的学习和宣讲，做到不走过场、入脑入心。

中国石油从上至下认真贯彻党的二十大精神，高举中国特色社会主义伟大旗帜，全面贯彻习近平新时代中国特色社会主义思想，弘扬伟大建党精神，自信自强、守正创新，踔厉奋发、勇毅前行，为全面建设社会主义现代化国家、全面推进中华民族伟大复兴而团结奋斗。加油站作为石油销售产业的终端，作为连接民生福祉的纽带，无论是软件革新还是服务革新，终究是为了踏踏实实地走国企革新之路；不论是产品升级还是功能升级，终究是为了服务民生，扛起能源国企担当；不管是安全措施还是环保措施，终究是为了实现中国特色社会主义现代化。历史将铭记，那为企业革新而努力迈出的步伐；人民将铭记，那危难时刻而毫不退缩的身影；社会将铭记，那为民族复兴而永不磨灭的誓言。一个个石油人的身影在眼前跳跃，一次次提挂枪的场景在心中铭记。无数平凡的石油人，扛起能源强国的责任，激活社会向前的动能，汇聚成一种民生发展生生不息的力量。新时代、新篇章、新起点、新征程，党的二十大的号角已经吹响，石油人在实现中华民族伟大复兴的画卷上奋力书写，在现代化服务民生的赶考路上砥砺前行！

立足“小社区”，服务“大民生”

疫情过后，人们发现与社区的关系越来越密切，生活中的衣食住行已经离不开社区的服务了。

社区是一些社会群体或社会组织聚集在某一个领域里所形成的在生活上息息相关的大集体，是社会有机体的基本内容，也是宏观社会的缩影。随着时代的变化和民生的需求，社区工作变得越来越重要。

提到社区，大家一般会联想到居委会。二十多年前的居委会，工作人员大多是一些退休的老太太，她们经常戴着袖标，出没在社区的每一个胡同、每一条街巷。维护社区治安、打扫卫生、张贴标语、发放政府文件等工作都归她们负责。在北方的冬天，有时还会看到居委会的老太太自发到街上扫雪，她们的热情和活力，一点都不输热衷于跳广场舞的阿姨们。

在很多人看来，社区工作就是处理居民之间的一些鸡毛蒜皮的小事，无非柴米油盐、家长里短，是没有什么技术含量的。但实际上，社区工作涉及居民日常生活的方方面面。社区是基层治理的最小单元，能否把社区治理工作做好，服务到不到位，直接关系民生，连着民心。身为社区工作者，只有俯下身子为居民办实事，倾尽全力为群众解难题，大伙才能把社区工作者当家人看，才能使群众的获得感、幸福感更加充实和更有保障。

社区工作要始终依靠党和政府的领导，充分、合理利用社区资源，以达到强化社区功能、解决社区问题的目的。做好上传下达是社区工作的必要内容，向下贯彻和传达党和政府的方针、政策，向上汇报基层的发展动态。想要做好社区工作，就必须了解民意，当邻里之间出现纠纷时，要调和好，做到公平公正，维护好社区生活的秩序。除了上述工作，社区工作人员还要完成街道办事处交办的其他工作任务，如帮扶弱势群体、为残障人士和老年人提供服务等；出现特殊情况时，还要投身于维护社会稳定的工作中去，协助公安机关维护社会治安。

社区工作的具体内容和事项，要根据社区居民的具体需要而确定和调节，因此要求社区工作者具有身份认同感和集体责任感，明确自己在社区成员中的位置，发扬“钉子精神”，才能更好地体会和理解社区居民的需要，更好地服务于社区的居民。实现社区参与是社区工作的基本原则之一，这就要求增强社区成员对社区事业的关心和介入，找到最关键的问题，提高人们的主观能动性；并制订共同的工作计划，推动社区工作更好地发展。如果不能坚持走群众路线，社区工作就失去了动力和目标。从本质上讲，社区工作者的平民意识就是一种民主意识，社区工作者要充分重视民主合作，促进社区成员或团体的自由发展和自动调适，使成员各自的潜力能够更好地发挥出来。由此可见，社区工作是民生中十分重要的一环。

党的二十大报告指出："坚持以人民为中心的发展思想。维护人民根本利益，增进民生福祉，不断实现发展为了人民、发展依靠人民、发展成果由人民共享，让现代化建设成果更多更公平惠及全体人民。"并强调："积极发展基层民主。基层民主是全过程人民民主的重要体现。健全基层党组织领导的基层群众自治机制，加强基层组织建设，完善基层直接民主制度体系和工作体系，增强城乡社区群众自我管理、自我服务、自我教育、自我监督的实效。完善办事公开制度，拓宽基层各类群体有序参与基层治理渠道，保障人民依法管理基层公共事务和公益事业。全心全意依靠工人阶级，健全以职工代表大会为基本形式的企事业单位民主管理制度，维护职工合法权益。"

"江山就是人民，人民就是江山。"习近平总书记的话掷地有声、催人奋进！社区工作就是守住人民的心，以真心换真心。关系到群众利益的事没有是小事的，要切实关心群众的一针一线。从事社区服务工作，就得按群众的想法去想问题，关心群众最迫切要解决的问题，从群众中来，到群众中去。坚持到居民身边、进百姓家中，暖群众心，用心访民情、听民意、解难题。只有全力解决群众最关心、最着急、最盼望的事情，群众才会对社区更有信心，才能最终打造出一个共建、共治、共享的社区基层治理新格局。

2022 年初，新冠疫情多点散发。作为社区工作者，我们一直坚守在防控工作岗位上，积极投身于疫情防控工作，认真做好对外省返市人员、密切接触者的信息核实、入户随访和重点人员检测等日常工作。为了提高居民对疫情的重视与防范意识，我们利用小喇叭宣传疫情防控知识，与社区干部制定大网格细分小网格的具体方案，组织人员入户摸排，汇总网格摸排情况，确保不漏一户、不漏一人，并协助做好小区卡口值守工作。

面对突发的疫情，不管是冲在一线的医护工作者，还是工作在卡口的防疫人员，或是在家不能过多出行的普通群众，心理和情绪都面临着巨大的考验。考虑到这些，我们便充分利用微信、电话等方式对存在心理压力的群众讲解疫情防控知识，进行心理疏导，提供心理援助支持等专业服务，切实增强群众科学防护意识和能力。通过走访困难群众、为隔离群众送生活必需品等，消除群众紧张、焦虑、烦躁的情绪。

2022 年 12 月初，国家正式宣布疫情管控全面放开，这是大势所趋，我们社区工作人员更要提高警惕，使社区卫生服务中心和社区卫生服务站等基层医疗机构的作用能够得到充分发挥，减轻医院等大型医疗机构压力，在“家门口”为群众提供便捷高效的医疗服务，将基层首诊的第一道防线筑牢，使人民群众的生命安全和身体健康得到保障。

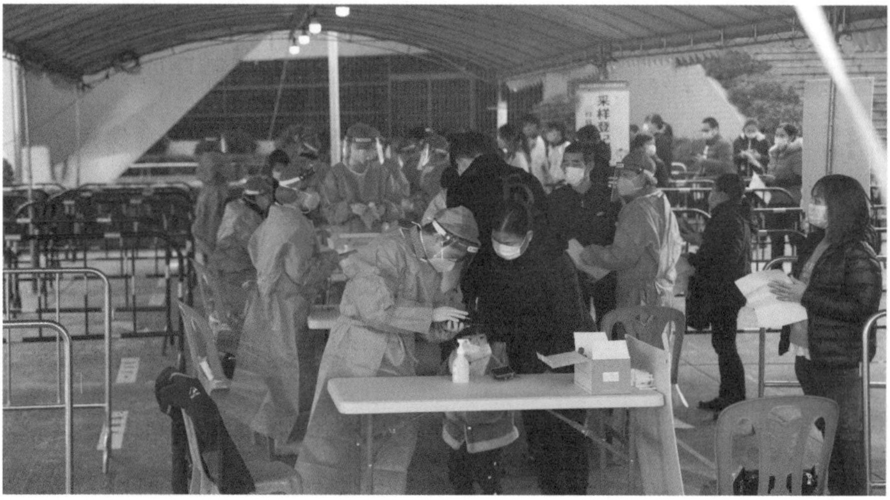

我们利用家庭医生团队与街道社区、居委会配合，在居民出现核酸阳性或者自测抗原阳性时，指导其正确居家隔离、科学用药。居民在居家期间，如有不适症状可随时拨打家庭医生电话，或者通过微信等网络平台咨询，社区卫生服务中心会提供远程指导，需要药物治疗时会派家庭医生团队或志愿者上门提供服务。社区卫生服务中心设立了发热诊室，开设了阳性病区，不方便到医院就诊的患者，可以在社区卫生服务中心治疗。

社区卫生服务中心积极对接医药公司，最大限度保证居民正常用药，退烧、止咳、抗病毒、抗生素类药品保供充足。

记得有几位60岁以上的社区居民就是在社区卫生服务中心的帮助下康复的。其中一位身有残疾的阿姨独居在家，感染新冠病毒后，她在社区服务中心家庭医生的指导下，在家中合理饮食起居、科学规范用药，医护人员对她进行了心理疏导，因此，患者患病初期的焦虑得以解除，很快恢复了健康。

党的十八大以来，我们坚持街道党工委、办事处的正确领导，全体社区干部齐心协力、同舟共济，积极贯彻落实习近平总书记提出的坚持以人民为中心的发展思想，积极探索社区建设和管理的新思路，以社区党支部作为基础，加强社区管理，扩大基层民主，密切党群关系，维护社区稳定，全面履行社区居委会的工作职责，贯彻党的方针和政策。

为促进我社区党支部成员的思想作风、工作作风和领导作风建设进一步加强，提高党支部成员的综合素质，我们认真学习贯彻党的十八大、十九大、二十大精神，在政治上、思想上、行动上同党中央保持高度一致。充分发挥社区党支部的领导核心作用，不断提高社区党支部的领导能力。几年来，我们召开党员大会30次、支委会40次，举行党小组活动19次，共吸收党员22人、积极分子31人，社区党员队伍不断壮大。

为了优化社区的治安环境，我们不断完善各项工作制度，组建了社区治安巡逻队，建立健全并巩固了三级治安联防网络，开展多种活动，为创建“无案、无毒、无赌”社区不断努力。对于收集到的与治安相关的信息，我们及时上报，并组织开展法治、禁毒、防疫宣传和科普教育活动，在对社区的日常走访中，及时发现、调和并解决居民纠纷几十起。

为了给社区居民打造一个舒适整洁的居住环境，我们对环境治理工作一直都抓得紧、守得牢，社区党支部经常带领一班社区工作人员，根据辖区的实际情况，与驻地单位物业进行沟通，吸纳了几十名志愿者，组建成保洁队伍，共进行了数十次突击劳动，清理垃圾死角数十处，清运垃圾数十吨，铲除小广告上千条。

在“社保服务”方面，我们着重开发就业岗位，积极收集用工信息，并筛选和甄别用工岗位，进行用工推荐。我们全体社区工作人员不断加强政策、理论、业务学习，以进一步做好失业人员再就业服务，把就业服务进社区做得扎实有效。

为了更好地为居民服务，我们在互联网上建了和社区居民沟通的平台，开通了社区微博、公众号、微信群，社区居民可以 24 小时随时与社区保持沟通，并根据居民的需求及时予以回复和解答。这样不仅有利于社区之间、社区与居民之间的沟通，还能学到经验、发现不足。

党的二十大报告中，习近平总书记多次提到“人民”，让我们深深地感受到了习近平总书记那真挚朴素的为民情怀。社区工作是打通服务居民的“最后一公里”，学习好、宣传好、贯彻好党的二十大精神，是社区当前和今后一段时期的首要政治任务。

通过这几年的社区走访，我们与每一户居民都建立了健康友爱的关系。记得有一些独居在老房区的老人，他们因为年纪大、腿脚不方便，生活质量无法得到保障。我们社区的工作人员就会经常到老人们的家中进行走访、帮扶，让那些独居的老人重新燃起对生活的热情。

独居的方奶奶是我的结对帮扶对象，每次去看她，她都会跟我说一些琐碎而平常的事情：今天市场上的灌粑一如既往地好吃，早早卖光了；茶园的茶叶又长高了，绿油油的，很喜人；明天要下雨，注意保暖……

湛蓝的天空悠闲地飘过一朵棉花糖，微风裹着暖橘色的阳光，吹开了奶奶家门前的花圃。这天，我们又来方奶奶家了。

“前两天赶场，我到农贸市场买了肉，你们别急着走，一起吃饭吧。我这儿什么都有，你们不用给我带东西。”80 多岁的方奶奶，在日复一日、年复一年与我们的相处中，不仅身子骨越发健朗，人也变得越来越开朗起来。看到我们来，她就忍不住开心地笑起来，露出不太整齐的门牙。

奶奶平日常会批发一些编织袋背去集市上卖。“因为这个轻，我背得动。我进一个八毛钱，卖一块钱，挣不了多少钱。家里茶叶收入和各种补贴够我吃穿了，可闲着也是闲着，不如找点儿事情做。”

老人最需要陪伴，可平日里，只有门前的花草陪她最久。“这是月季，可惜这两天谢了；这是鸡冠花，大大的一朵，看着好漂亮；这是菊花，好像叫什么黄半球，开得正好。我没什么送你们，年轻人喜欢花儿，我摘一朵送给你。”

和我一起来帮扶走访的社区同事是个年轻的女孩子，拿到这朵花，笑得眼睛弯成了月牙，开心地抱住了奶奶。看着这一老一小，笑起来真像祖孙一样。要是以后我们走访、帮扶的每一个居民都能像方奶奶一样，把日子越过越好、越过越有奔头，我们社区工作人员就算再苦再累，都值得了！

社区工作看似微小、平凡，却与民生息息相关，是民众工作中十分重要的一环。好的社区可以将居民群众紧紧地连在一起，组建成一个和谐友爱、互相帮助的大家庭。

社区工作人员的岗位虽小，但职责很大，工作涉及方方面面。只有从小事入手、从小事做起，增强责任意识，才能不断学习新的政策，遇到困难寻找到新的解决方法，对居民负责，对自己的身份负责，也对党和政府负责。这样办起事来才能让居民觉得放心、舒心、贴心。

服务群众，方便群众，造福群众，是社区一切工作的出发点和落脚点。社区的工作包罗万象，小到吃喝拉撒，大到婚丧嫁娶。作为社区工作者，在今后的工作中，我们更应该多走访，听百姓言、解百姓难，切身融入居民中去，及时为他们排忧解难，全心全意为人民服务。

在工作中要不断向领导学习组织协调能力，不断与同事交流，互相学习工作经验，并且向居民学习生活经验与社会经验；时刻牢记自己的职责，严格要求自己，提醒自己要以平等的眼光对待居民，把为居民服务当成自己终身的任务，不断努力学习，完善自己。

在今后的工作中，我们将在区委、街道党工委的正确领导下，按照民生工作的总体要求，继续解放思想、开拓进取，投入更多的热情和心力到社区工作中去，为把社区建设成为群众一条心、邻里都友爱、服务更加完善、创业就业更加充分、精神文化生活更加丰富、环境更加整洁干净、生活更加安定有序、居民广泛认可的美好社区而不断努力！

让健康惠民落实处

医疗是民生之需，医疗卫生基础设施建设关乎百姓生活，医疗保障也是最能增进民生福祉的重要一环，体现着一座城市的“温度”。

医疗卫生事业与人民群众的身体健康和生老病死息息相关，密切关系着人民群众的根本利益，一直备受社会的高度关注，也是贯彻落实党的二十大精神，“实现好、维护好、发展好最广大人民根本利益，紧紧抓住人民最关心最直接最现实的利益问题，坚持尽力而为、量力而行，深入群众、深入基层，采取更多惠民生、暖民心举措，着力解决好人民群众急难愁盼问题，健全基本公共服务体系，提高公共服务水平，增强均衡性和可及性，扎实推进共同富裕”的重要内容之一。

门诊病房、手术台前、乡镇卫生院……在救死扶伤的第一线，在疫情防控的最前沿，全国近 1400 万名卫生与健康工作者支撑起世界最大的医疗卫生服务体系，以实际行动践行党的二十大精神。

在迈进全面建设社会主义现代化国家的新征程、向第二个百年奋斗目标进军的关键时刻，党的二十大胜利召开。习近平总书记在党的二十大报告中明确提出："必须坚持在发展中保障和改善民生，鼓励共同奋斗创造美好生活，不断实现人民对美好生活的向往。"

党的二十大报告明确"完成脱贫攻坚、全面建成小康社会的历史任务，实现第一个百年奋斗目标"是新时代十年来具有重大现实意义和深远历史意义的一件大事。全面建成小康社会最直接、最明显、最生动的成就在于中国人民彻底告别了绝对贫困，实现了不愁吃、不愁穿，住房、教育、医疗有保障，真正实现了中华民族的千年历史宏愿。

党的二十大报告指出："从二〇三五年到本世纪中叶把我国建成富强民主文明和谐美丽的社会主义现代化强国。"全面建成小康社会不是终点，而是新生活、新奋斗的起点，必须继往开来、接续奋斗，全面推进中国式现代化，创造物质文明与精神文明相互协调、人与自然和谐共生、社会公平正义与人的自由全面发展彼此促进、谋求自身发展与维护世界和平发展相得益彰的中国式现代化美好生活新图景，让人民享有更多的收入、更稳定的工作、更可靠的社会保障、更好的教育、更高水平的医疗卫生服务、更舒适的居住条件、更和谐美好的社会环境与自然环境，真切提高人民的生活品质。

人民健康是国家强盛和民族复兴的必要条件。党的二十大报告提出要健全公共卫生体系，加强重大疫情防控救治体系和应急能力建设。深化医药卫生体制改革，促进医保、医疗、医药协同发展和治理。深入开展健康中国行动和爱国卫生运动，推动卫生健康知识进农村、进校园、进机关、进企业、进社区，提倡文明健康的生活方式，不断实现人民对美好生活的向往。

人民健康是社会主义现代化的重要标志。党的十八大以来，以习近平同志为核心的党中央，坚持以人民为中心的发展思想，把人民健康放在优先发展的战略位置，持续深化医药卫生体制改革，不断完善卫生健康体系，我国卫生健康事业从“以治病为中心”向“以人民健康为中心”转变，努力全方位、全周期保障人民健康。

《中华人民共和国基本医疗卫生与健康促进法》规定：公民依法享有从国家和社会获得基本医疗卫生服务的权利。各级各类医疗卫生机构应当分工合作，为公民提供预防、保健、治疗、护理、康复、安宁疗护等全方位全周期的医疗卫生服务。《“健康中国 2030”规划纲要》第八章“提供优质高效的医疗服务”中要求：实现人人享有均等化的基本医疗卫生服务；加强康复、老年病、长期护理、慢性病管理、安宁疗护等接续性医疗机构建设；实现医防结合；健全治疗一康复一长期护理服务链；等等。由此观之，医疗服务不只是对疾病的治疗，而已经扩展到了与健康相关的更多领域和更多方面。

改革开放以来，我国医疗卫生服务体系成就明显，但依然存在着一些问题。我国医疗卫生服务体系的发展水平并没有完全适应经济社会协调发展的要求和人民群众的健康需求。

基层医疗卫生服务体系存在的问题比较突出和明显。城乡和区域医疗卫生服务体系资源配置不合理，发展不平衡，公共、社区和农村的医疗卫生工作进展中存在许多问题，医疗保障制度不健全，不能更好地服务于群众，群众的健康得不到充分保障。党的十八大以来，针对上述问题，我国不断健全医疗卫生服务体系，根据自身国情，借鉴其他国家的有益经验，把实现人人享有基本医疗卫生服务定为奋斗目标，重点解决最现实、人民群众最关心、最直接的利益问题。

经过十年的努力，农村医疗卫生条件得到明显改善，社区卫生服务功能更加完善，并建立了新型城市医疗卫生服务体系；健全了医疗保障体系，建立并完善覆盖城镇非就业人口、城镇就业人口、城乡困难人群和农村人口的城镇居民基本医疗保险、城镇职工基本医疗保险、城乡医疗救助和新型农村合作医疗，共同组成基本医疗保障体系，从实际情况出发，妥善解决农民工基本医疗保险问题，积极发展商业健康保险；建立健全了基本药物制度和药品保障体系，促使药品的生产流通规范化。医院也积极响应国家号召，着力增强服务能力，推广使用基本药物临床应用指南和基本药物处方集，降低收费标准，提高报销比例。

党的十八大以来这十年，是医药卫生体制改革持续深化，人民群众看病难、看病贵等问题加速破解的十年。“共建共享、全民健康”是建设健康中国的战略主题。我国历史性地全面破除以药补医体制，持续推进“以治病为中心”向“以人民健康为中心”的转变。大力倡导“每个人都是自己健康的第一责任人”，形成了健康人人重视、人人追求，为健康保驾护航的良好社会氛围。

在过去这十年，我国卫生健康工作取得长足进步，其中一个关键数据就是人均预期寿命由 74.8 岁增长至 78.2 岁。在这背后，既有我国基本医疗保险参保人数由 5.4 亿增加至 13.6 亿的影响，也有全国医疗机构数增长 8%、床位数增长 83%、卫生人员数增长 62% 的推动。

在“十四五”期间，围绕“看病难、看病贵”两大痛点，国家再出实招。国家区域医疗中心建设将覆盖全国所有省份，遴选建设 120 个省级区域医疗中心，持续提升基层医疗机构服务能力，推动实现“大病重病在本省解决，一般疾病在市县解决，头疼脑热在乡村解决”。药品耗材带量采购、医保药品目录动态调整、医保支付方式改革、跨省异地就医结算等举措向纵深迈进，切实减轻人民群众看病就医的经济负担。

这十年，是公共卫生防护网织牢织密，传染病、慢性病、职业病、地方病防控更有效、有力的十年。我国消除了疟疾，实现了乙肝控制目标，艾滋病得到有效控制。我国对卫生应急管理工作不断加强和改进，卫生健康系统应对突发事件的能力和水平得到全面提升，为维护世界公共卫生安全发挥了巨大的积极影响。新冠疫情期间，我国坚持“外防输入、内防反弹”总策略和“动态清零”总方针，因时因势不断调整防控措施，最大程度地保护了人民群众的生命安全和身体健康，疫情防控和经济社会发展两手抓，在抗疫艰难时期经受住了考验，保障了民生，充分展现了中国精神、中国担当、中国力量。

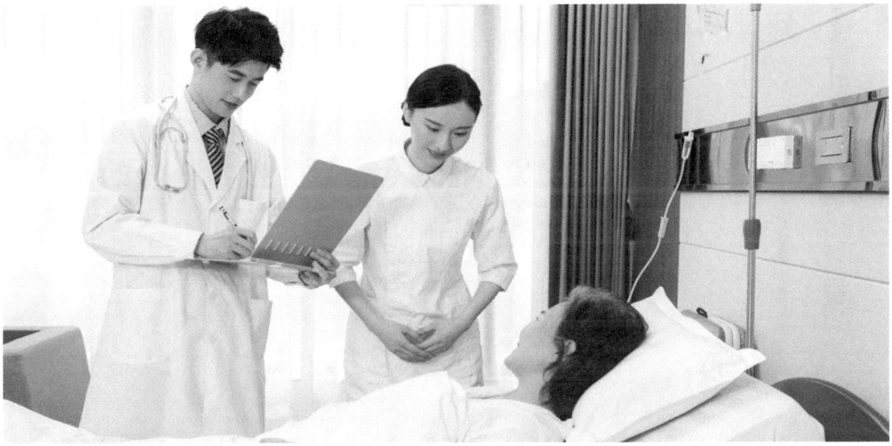

2022年12月以来，我国疫情防控步入新阶段、面临新任务，国家正式宣布新冠病毒防疫全面放开，全国多地急危重症患者日渐增多，作为医务工作者的一员，我与千千万万医者仁心的同事们一起，以白衣为甲，日日夜夜坚守在第一线，用忘我工作践行党的二十大精神，为群众带来战胜疫情的信心，以实际行动践行人民至上、生命至上的理念。

在我们医院的急诊门口，每天都有超40辆救护车来来往往，急诊日接诊总量创年度新高，单日最高抢救量几乎是以往的5倍。病房里、候诊大厅里、走廊里、楼梯上，任何地方、任何时间，都能看到忙得脚不沾地的医护人员。急诊大厅、抢救室、留观室、输液间挤得满满当当的都是病人，而且来就诊的70%以上都是

65 岁以上的老年人，还有很多急危重症患者。

面对这样的情况，我们院里几个新来的实习小护士急哭了。急诊科的主任就宽慰她们，告诉她们面对暴增的患者，急是不管用的，而是更要稳，无论发生什么情况，都告诉自己要竭尽全力保障救治工作能够顺利进行。护士们被安抚后也都重整旗鼓，继续坚守在自己的岗位上。大家每天都忙得几乎不停歇，只为了能够多救治一些患者。有些大夫和护士忙了一天甚至顾不上喝一口水。

冲在一线的医护人员有很多都感染了，医院曾一度出现严重减员的情况，救治工作遭遇严峻的挑战。但是我们这些医护人员身体状况稍微好转后就马上返岗，投入紧张的救治工作中。

我们医院的重症医学科所有的医护人员在这个非常时期都达成了默契："阳康"就返岗，确保守护患者的医护人员 24 小时不断档；早到晚退，最大程度延长工作时间，让患者的呼叫不落空、时时有回应。

在最艰难的时候，急诊科一天只有两名医生 24 小时轮岗，医护工作者有的发了高烧，有的咳嗽不断，但为了能够第一时间减轻值岗同事的压力，每个人都是能坚持就坚持，只要身体顶得住就不休息。

在患者急剧增加、医护人员又人手不够的情况下，医院不断调整优化诊疗流程、统筹医疗资源，全院上下全力做好保急诊、保发热、保重症、保必须，全力解决群众的就医需求。

2023 年 1 月 8 日起，新冠病毒感染由“乙类甲管”调整为“乙类乙管”，这是我国新冠疫情防控政策的一次重大调整，疫情防控工作重心也从“防感染”转向“保健康、防重症”。

这就要求社区卫生服务中心发挥好分级诊疗前沿阵地优势，全面提升医疗救治和服务保障能力，确保轻症患者在基层医疗机构得到及时救治，并满足群众正常看病就医的需求，缓解二三级医疗机构的就诊压力，确保平稳有序转段。为此我院与社区医院积极配合，帮助社区服务机构新增吸氧位、输液位、发热诊室、病床、心电监护仪等，保障医疗物资在基层的配备，帮助基层有效提升救治能力，缓解医疗压力。

作为医院急诊科的一名护士长，我所做的，或许微不足道，但正是因为有千千万万个像我们这样勇于奉献的人，才能让医院成为保障民生的“带头兵”。

求学阶段，我毅然决然地选择了护理专业。我曾在脑海中想象过无数次自己为祖国的护理事业奉献一生心血的样子，每次都不觉得苦和累，只觉得欣喜和光荣。时光匆匆，转眼间我已经在护理岗位上工作十多年了，期间学到了很多、收获了很多。

刚刚参加工作时，经过一年轮科学习后，我在检验科从事临床护理工作，一直踏踏实实、勤勤恳恳。记得有一次上夜班，一名外地患者着急做化验，结果钱不够，家属也跟着着急上火。眼看这个老实、辛勤的患者大半夜要白跑一趟，我实在于心不忍，就帮他们交了化验费。下夜班后，患者的家属特意拿着早餐来向我道谢，还在第一时间把费用补给了我。这件事让我一直铭记于心，虽然只是一件小事，却足以温暖人心。如果千千万万个医护工作者都多做一件温暖的小事、做好自己的本职工作，温暖的就是全中国的百姓了吧！这让我知道，坚守好自己的工作岗位，就是为民生大业出一份力！

对患者负责就是对自己负责，工作中的每一项操作、每一件细枝末节的事情都要求我们与患者有效沟通，只有做到有效沟通才能懂患者所需、解患者所难，才能让工作更加顺畅。

2016 年，医院任命我为护士长。在工作中，我更要以身作则、爱岗敬业、身先士卒，在自己的岗位上负起责任，作出实事儿，将全部身心都投入具体的工作中去，做到以患者为中心，不断在自己平凡的岗位上发挥光和热。在今后的工作中，我将始终坚持“以人为本”的工作理念，对待工作善思辨，能创新；对待同事善鼓励、能协助；对待患者善倾听、能共情。牢牢扎根护理一线、热爱本职，牢固树立积极进取的工作态度、秉承初心使命，永葆基层党员良好的作风品格，奉献岗位。

陆

绿色生态

大自然是人类赖以生存发展的基本条件。尊重自然、顺应自然、保护自然，是全面建设社会主义现代化国家的内在要求。必须牢固树立和践行绿水青山就是金山银山的理念，站在人与自然和谐共生的高度谋划发展。

守护绿水青山，保护一方净土

有很多人不了解护林员，甚至没有听说过护林员，认为护林员离自己的生活很远。作为内蒙古大兴安岭林区的一名基层护林员，护林工作体现在方方面面、一点一滴。护林员就像一棵棵树木，从不开口说话却始终兢兢业业地守护着绿色的家园，为平凡的事业默默地做着贡献。身为护林人，我们工作的主要职责就是巡护山林，对林区火源进行有效管理，如遇火情及时报告，无论发现何种形式和程度的破坏森林资源的行为，都要立即制止。护林员更像是一名投身于林木保护事业的志愿者，能够几年、十几年如一日地坚守在这个孤独而寂寞的岗位上，主要是因为内心充满了使命感和荣誉感。

大自然是人类赖以生存和发展的基本条件。中国式现代化的一个重要特征就是人与自然和谐共生，在党的二十大报告中，习近平总书记也深刻阐述了这一点，并提出了“尊重自然、顺应自然、保护自然，是全面建设社会主义现代化国家的内在要求”的重要思想，以此推动绿色发展，促进人与自然和谐共生。

新时代下，为了能够始终坚定不移地发展中国特色社会主义，不断满足人民群众对美好生活的向往，就要坚持人与自然和谐共生这一重要战略部署。

保护生态环境是一项复杂并极具系统性的工作，更需要我们持之以恒地付出艰苦努力。我国生态文明建设已经进入关键时期：以降碳为重点战略方向，减污降碳协同增效，社会经济全面绿色转型，生态环境质量不断得到改善，直至取得质的飞跃。党的二十大报告指出，“必须要坚持系统观念”“坚持山水林田湖草沙一体化保护和系统治理，统筹产业结构调整、污染治理、生态保护、应对气候变化，协同推进降碳、减污、扩绿、增长”“加快发展方式绿色转型”“深入推进环境污染防治”“提升生态系统多样性、稳定性、持续性”“积极稳妥推进碳达峰碳中和”。咬定青山不放松，撸起袖子加油干，美丽中国必将一步一步成为现实。

森林资源是我国生态建设的物质基础，能够为我国林业资源实现可持续发展提供保障。我国想要实现中华民族永续发展，森林资源具有重要的现实意义。在全球生物圈中，森林是重要的一环，也是最大的陆地生态系统，是地球上的蓄水库、碳贮库、基因库和能源库，对维系整个地球的生态平衡起着至关重要的作用。同时，森林可以为我们提供木材和其他林产品，是我们人类最重要的自然资源之一。除此之外，森林还具有调节气候、保持水土、卫生保健、有益国防等作用。

正是因为森林资源具有如此重要的地位和价值，内蒙古大兴安岭林区人紧紧跟随党中央的指导路线，牢记党和国家领导人的殷殷嘱托，在保护森林资源的事业上扬帆奋楫，不断用改革的力量速进发展。

几十年来，内蒙古大兴安岭林区持续推进体制机制改革，走出了一条在保护中建设、在建设中发展、在发展中保护的绿色发展道路，从“以木材生产为主”转变为“以生态保护建设为主”，用实际行动和卓越成绩，践行了“绿水青山就是金山银山”的理念。

全国第九次森林资源连续清查数据显示，内蒙古大兴安岭林区森林面积 837.02 万公顷、森林覆盖率 78.39%。20 年来，森林面积净增 99.45 万公顷，森林覆盖率提高了 9.25%，森林蓄积净增 3.01 亿立方米，森林面积、森林蓄积、森林覆盖率都呈现持续增长的态势。

内蒙古大兴安岭林区始终坚持“让改革成果更多更公平惠及全体人民”的理念，建立健全社会保障体系，对当地棚户区进行全面改造，并且提高了职工收入，对人居环境进行综合整治，扎实推进深远山居民搬迁，打造了一个生态良好、职工增收、生活和谐的美丽新林区。

中华人民共和国成立后，为了给国家经济发展添砖加瓦，内蒙古大兴安岭林区大量产出木材。到了2015年，为促进经济可持续发展，林区全面停伐。几十年来，内蒙古大兴安岭林区累计为国家提供2亿多立方米的木材，上缴200多亿元利税，是国家同期投入的4倍，为国家建设作出了突出且卓越的贡献。

但持续高量采伐，让林区“入不敷出”。到了20世纪80年代末期，内蒙古大兴安岭林区陷入资源危机、经济面临危难的“两危”时刻。

面对这历史性的危急时刻，林区坚持“以营林为基础”的原则，把保护现有森林资源并不断发展森林资源放在第一位，对产业结构和产品结构进行合理调整，稳步搞好林区生产建设。

为了更好地发挥“祖国北疆生态屏障”的特殊功能，几代大兴安岭人自力更生、艰苦奋斗，即使在最艰苦的岁月里，仍牢记“国之大者”，将筑牢祖国北疆重要生态安全屏障摆在第一要位，对山水林田湖草沙进行系统治理，像对待生命一样对待生态环境，像保护眼睛一样保护生态环境，始终坚持生态保护，做靓生态底色。

几十年来，内蒙古森工集团一直在探索一条“在保护中建设、在建设中发展、在发展中保护”的绿色发展之路，为实现这一目标，内蒙古森工集团先后进行了承包经营、抓大放小、减员增效、“二次创业”、建立现代企业制度、剥离企业办社会职能、辅业改制、天然林商业性采伐全面停伐、国有林区改革、国企改革三年行动等多次涉及体制机制、大刀阔斧、举足轻重的改革，实现了“以木材生产为主”向“以林业生态保护建设为主”的转变。

内蒙古森工集团重点关注主责主业，坚决落实“守住生态保护红线、环境质量底线、资源利用上线”，对森林资源进行统筹治理，还利用专业优势出版了《大兴安岭植物志》，配合当地政府落实河湖长制、林长制，积极开展生态环境治理、毁林开垦整治等专项行动，对非法侵占林地的行为进行全面制止。

内蒙古大兴安岭林区森林防火于2020年6月15日实施“南兵北调”，从南部、中部、东部林业局调集了约800名森林消防员，驻扎在汗马国家级自然保护区、北部原始林区、额尔古纳国家级自然保护区等易发生雷击森林火灾的地区，执行守护在前线的驻防任务。今天，“北兵南调”、“南兵北调”、驻防在前线等举措在林区森林防灭火中被广泛施行。林区不同区域的气候不同，防火紧要期也有时间差异，这就要求有效合理地调配防扑火队伍，解决南北部林区各单位防扑火人员不足的实际困难。

2021年，内蒙古森工集团从上到下不断发挥主观能动性，大力推进电信普遍服务试点项目建设和森林火灾风险普查工作。电信普遍服务试点项目建设完成后，大兴安岭林区公网覆盖率将提升至60%左右。茫茫林海中将开通一条信息“天路”，为生态建设筑起一道防火墙，为实现林区绿色高质量发展奠定更加坚固的地基。

在党中央的坚强领导下，一代代大兴安岭人始终胸怀报效祖国、支援边疆的壮志豪情，创造了万千栋梁出林海的奇迹，开启了植绿护绿的新纪元，谱写了内蒙古林业建设的光辉篇章，在全国林区率先走出了一条“在保护中建设、在建设中发展、在发展中保护”的绿色发展道路。正因为取得了这些成就，才能够汲取新的动力。面对新的发展要求，林区上上下下的职工，都会以更加务实的作风、更加饱满的热情、更加昂扬的斗志，团结拼搏、不断进取，奋力谱写林区绿色高质量发展新篇章。

2021 年 2 月，习近平在全国脱贫攻坚总结表彰大会上特意提到了护林员。他说：“110 多万贫困群众当上护林员，守护绿水青山，换来了金山银山。”作为内蒙古大兴安岭林区的一名普通护林员，习近平总书记的这句话一直激励着我们护林人。

我是土生土长的大兴安岭人，家乡的山山水水我都熟悉得很。当上护林员以后，我就一个心思：踏踏实实巡山护林，守护住家乡的绿水青山。

我忠实地为护林工作投入了全部的热情和激情，不知不觉，投身于这项工作已经有十个年头了。回首往事，感慨很多。展望未来，我将继续为林业事业贡献自己的微薄之力。

管护山林的工作虽然单一，但面广，重细节。只有把每个看上去微不足道的小事做好，巡护好山林中的一草一木，才能把护林事业真正做好。参加技能培训，学习林场养护知识，掌握森林防火技能，都是我们工作和生活的重要内容。我巡护的区域有几百亩林地，有时路不好走，摩托车上不去，很多路程都要靠双脚走出来，有时候一天就要走十几公里。日常巡山，除了关注森林防火，我还会捡捡垃圾，救治生病的树木，向村民宣传植绿护绿、关爱自然的思想。

每年的十一国庆假期都是森林防火的关键期。早上八点，我们就要骑上摩托车驶入自己的林班，进山途中要经过一道专门的入山检查站，排查身上的火种——这是防火期所有进山人员必须经历的程序。

巡护林班一圈大约要耗时三个小时，这个工作看似简单，就是盯住这片山林，观察有没有人员上山挖沙破坏林地，有没有病虫害，有没有火点隐患，等等。如今，山林里的野生动物越来越多，还要留意有没有偷猎野生动物的行为。

这看似简单的工作，在日复一日的重复中，想要坚守下来十分困难。在高纬度严酷的气候条件下，树木生长得太慢，不易被察觉。可年复一年，我们护林员仍能见证这片山林的生长。

春天，林区的冰雪还未融化，树木已开始吐新，青草从积雪掩盖的地里冒出头来，那种勃勃生机的景象是让我感到最亲切的。但这个季节的草爬子（即蜱虫）着实令人担心，在山里巡护，许多人都被它咬过。好在林场每年都会组织职工打森林脑炎疫苗，减轻了我们被草爬子叮咬后的恐惧。

夏季的大兴安岭是一片绿色的林海，那些翠绿的叶子，未染一丝尘埃，在无问西东的风中簌簌作响，整个林区就是舒适的天然氧吧。天气好的时候，我偶尔会骑着摩托车带家人一起上山。家人没有经历过巡护的艰苦，只觉得夏季的山林景色很美，很新鲜。

8 月份开始，林区早早就进入秋天。这是收获的季节，蓝莓、红豆、松塔等林下经济作物，给林区带来不少收益。

冬季一下雪，白色的天地混杂着暗黄或暗褐色的树干，虽也是一种美，却让人感到萧瑟。

每天巡护下山，同事们经常在一起分享在山上的所见所闻，大多是当天又发现了哪些野生动物。作为东北亚陆地生态系统的重要组成部分，大兴安岭林区经过多年生态修复，迎来了前所未有的休养生息。我们明显感觉到，停伐后，封山育林，林区的生态变好了，野生动物比以前多了，有时候我们在林子里能看到狍子、松鼠和花尾珍鸡。

还有一个明显的变化是：禁伐前，每年四五月份的时候都要刮一个月的大风。近些年刮风的天数变少了，风也没那么大了。

这就是我们守护这片森林的意义：让这片山林恢复生机！虽然我们护林员只是一个平凡的工作，但我感觉很有成就感。

看着树木在成长壮大，林区一年一个变化，所有护林员的想法都一样：守护这片森林，干到退休，把自己的一点光和热留在这里。

如今，内蒙古大兴安岭林区又将面对新的形势、接受新的任务和挑战，这是时代赋予我们的使命，只有加快发展现代林业，才能促进当今时代下生态建设与经济社会健康发展。随着全球气候不断变暖，生态恶化、能源短缺等问题日益突出，世界各国已经达成了一致的发展共识：发展低碳经济、增加森林植被、维护气候安全。为应对气候变化，国际社会采取了共同行动：保护和增加森林资源，防治森林退化，减少毁林现象。这几年，党中央和国务院进一步作出了建设生态文明、加快转变经济发展方式等一系列重大战略决策，我们护林员同样责无旁贷、义不容辞。在今后的工作中，我们要更加积极负责，要以身作则、敢为人先，不达目的誓不罢休。作为护林员，不论身处何位，不论在哪个岗位上工作，护林员的身份不能丢，要始终把工作岗位作为成就事业的舞台，兢兢业业干事业，踏踏实实做工作，老老实实做本分人。

“良好生态环境既是自然财富，也是经济财富，关系经济社会发展潜力和后劲。”这是习近平总书记道出的保护与发展相互促进的真谛。

一个个护林员手拉手、心连心，把一片片林海建成我国面积最大的国有林区，创造了难以实现的“人间奇迹”。这不是某一个人的成就，而要归功于全体林区人民崇高的思想境界、高度的政治觉悟和奋发向上的精神风貌。

每代人的使命都不同，每一代都有自己的时代担当。“不积跬步，无以至千里；不积小流，无以成江海”，只有动脑、用心、实践，才能不负时代、不负青春。

护林员，是绿水青山的守护者。正如习近平总书记说的那样：“只要勤劳肯干，守着绿水青山一定能收获金山银山。”在未来的工作中，我们将继续践行党的二十大精神，做一个无愧于心、无愧于民、无愧于时代的护林员！

节能减排，“绿动”未来

2022年8月，我因为有一些事情要办而去了趟北京。后来因为各种原因，事情办得有些拖拖拉拉，于是有了差不多10天的时间是没什么事情可做的，而我生活的城市新冠疫情多点散发，为了不影响接下来的行程，于是我没选择返程，索性去了“隔壁”的天津游游逛逛了一周的时间。

这几年，虽然我生活的城市地处中国地理位置最北的省，冬季比较寒冷，但近几年也能看到一些新能源汽车了，尤其是公交车，也陆续换成了以新能源为动力的了。但因为气候寒冷、经济发展速度较慢以及疫情的影响，我生活的城市新能源汽车的保有量并不是很大，尤其是漫长的冬天，街上跑的新能源汽车的数量可以用屈指可数来形容。北京和天津地处华北，虽然也是北方，但是气候比我生活的城市要暖和得多，所以在京津两城逗留的时间里，我在大街上见到了很多新能源汽车。不仅如此，在路口等红绿灯的时候，上下班早晚高峰时间，也总能看到很多选择自行车、电动摩托、地铁、公交等代步的居民，可见国家节能减排、低碳出行的政策已经深入百姓的基本生活中了。

党的二十大，习近平总书记从中华民族伟大复兴战略全局和世界百年未有之大变局的高度，既总结了过去十年党和国家事业取得的历史性成就、发生的历史性变革，又从统筹推进“五位一体”总体布局、协调推进“四个全面”战略布局的高度，对党和国家事业作出了全面部署，在“推动绿色发展，促进人与自然和谐共生”中就提出了“必须牢固树立和践行绿水青山就是金山银山的理念”“统筹产业结构调整、污染治理、生态保护、应对气候变化，协同推进降碳、减污、扩绿、增长，推进生态优先、节约集约、绿色低碳发展”的要求。

党的二十大报告对推动我国绿色发展提出了新任务、新要求，同时也提供了新思路、新方法。

第一，加快发展方式绿色转型。加快推动产业结构、能源结构、交通运输结构等调整优化。推进各类资源节约集约利用。发展绿色低碳产业，健全资源环境要素市场化配置体系，加快节能降碳先进技术研发和推广应用，倡导绿色消费，推动形成绿色低碳的生产方式和生活方式。

第二，深入推进环境污染防治。坚持精准治污、科学治污、依法治污，持续深入打好蓝天、碧水、净土保卫战。加强污染物协同控制，基本消除重污染天气。提升环境基础设施建设水平，推进城乡人居环境整治。

第三，提升生态系统多样性、稳定性、持续性。以国家重点生态功能区、生态保护红线、自然保护地等为重点，加快实施重要生态系统保护和修复重大工程。推进以国家公园为主体的自然保护地体系建设。建立生态产品价值实现机制，完善生态保护补偿制度。

第四，积极稳妥推进碳达峰碳中和。立足我国能源资源禀赋，推动能源清洁低碳高效利用，推进工业、建筑、交通等领域清洁低碳转型。深入推进能源革命，加强煤炭清洁高效利用，加大油气资源勘探开发和增储上产力度，加快规划建设新型能源体系，统筹水电开发和生态保护，积极安全有序发展核电，加强能源产供储销体系建设，确保能源安全。完善碳排放统计核算制度，提升生态系统碳汇能力。积极参与应对气候变化全球治理。

作为绿色发展的一种重要形式，节能减排有着广义和狭义的定义，无论是哪种定义，其主旨都是节约能源，减少有害物质的排放。这里的能源也就是资源，分物质资源和能量资源，而要减少的有害物质有很多，实际的废弃物、垃圾算有害物质，噪声、光电辐射等也算有害物质，这些有害物质都会对环境造成损害，影响人类生存的环境——地球，而节能减排就是在现代社会我国注重经济发展的同时，找到的保护地球、返璞归真的方式。

节能减排这一战略最早出自我国的“十一五”规划纲要。2006—2010年间，节能减排战略初见成效，这五年间，我国单位国内生产总值能耗降低了20%左右，主要污染物排放总量减少了10%。由此可以看出，节能减排是党和政府贯彻落实科学发展观、构建我国社会主义和谐社会的重大措施，是为将我国建设成为资源节约型和环境友好型社会所作出的必然选择，也是全面调整我国经济结构形式、转变经济增长方式的必经之路，更是对中华民族长远发展的坚决维护。

我国是目前世界上最大的发展中国家，为了发展经济，让更多人摆脱贫困，真正实现共同富裕，党带领人民作出了众多努力，也取得了举世瞩目的成就，真正开辟出了一条独属于中国的社会主义道路，为全世界的发展和繁荣作出了独特的、突出的贡献。这也必然使我国成为能源生产大国和消费大国。经济社会的快速发展需要能源的持续供应作为重要支撑。

我国在高速发展的过程中，也带动了能源消费的快速增长，这也从另一种角度对世界能源市场作出了贡献。所以中国是世界能源市场的重要组成部分，这一部分不可或缺，也对全球能源安全的维护有着非常重要的作用，而且这一作用越来越重要，越来越积极。党和政府以科学发展观为指导，加快发展现代能源产业的步伐，坚持节约资源和保护环境的基本国策，努力增强我国的可持续发展能力，在将自己建设成为创新型国家的同时，也要为我国打造一个绿色的未来，为世界打造一个绿色的未来。

实施节能减排国策的近二十年时间里，国家的工作重点主要集中在加快产业结构调整与优化、大力发展循环经济、合理用电与节约用电、技术创新和加强组织机构调整、健全考核机制等方面，并取得了突出成果。

要做到节能减排，实现绿色低碳发展，就需要共建和共享，而在这方面做得最突出的莫过于信息通信业了。我国移动宽带网络运营商——中国移动、中国联通和中国电信，再加上中国广电，组成了我国信息通信业的稳定网络，在践行节能减排这一战略的进程中，它们真正通过共建和共享，为我国建成全球规模最大的移动宽带和光纤网络贡献力量，使我国真正实现了发展方式的绿色转型。

中国电信和中国联通联手打造了“一张物理网、两张逻辑网”的5G网络，通过共建和共享的方式，仅在2022年上半年就达到了减少碳排放300万吨以上的效果。

中国移动和中国广电通过共建和共享，积极推动了700MHz 5G网络的建设，共建和共享的网络基站高达85万座，而未来还将达成再建190余万座4G基站的宏伟目标，将在降低能源和资源的消耗方面作出极大的贡献。

8 年的时间，中国铁塔“为共享而生”，新建设的铁塔将这一共享水平从 14.3% 提升到 81%，可以说幅度是非常大的，如果按照未实行节能减排策略时的思路换算的话，相当于少建设 92 万多座铁塔的花费，在建设投入的土地面积节省方面，就是 5 万亩的数量，而且通过共建共享铁塔的使用，为整个通信行业节省了 1650 亿元的资金投入，对整个生态环境来说，更是减少了碳排放量 2500 万吨以上。

2022 年 11 月的一天，国网上海浦东供电公司的能源云平台项目负责人正在帮助客户处理数据，他将综合能源服务项目的数据导入上海智慧城市能源云平台。在这个平台上，客户只需要点击一个选项，就可以查询几个月以来的用能诊断报告。在这个平台上，很多浦东新区的重点企业都能清晰地查看到自家企业的能耗数值。除了浦东新区，陆家嘴、张江、临港等区域的能源碳的评估数据也在逐步生成过程中……这个智慧平台就像一张全景式的“碳数据”地图，所有浦东新区的能源企业都被连接起来，互动增强、联系紧密，能源数据实现了共享。和节能减排相关的数据，如区域碳排放量、清洁能源消纳碳减排量、交通电能替代碳减排量等至关重要的碳数据都能一览无余。此时，国网上海浦东供电公司打造的这一智慧城市能源云平台已经有能源产业链上下游的入驻企业100余家，“平台+生态”的智慧能源综合服务体系在各家的合作下已基本实现，平台数据规模庞大，已达TB级别。正是因为有了这些先进的技术和强大的数据优势，目前该平台已经产生了各种门类的能源数字化产品，数量高达350多个，可以说是在践行节能减排的基础上，在互联网上打造了一个共生、共建、共享、共赢的绿色生态圈。

2022年冬日的一天，位于江苏省盐城市某城市广场停车场的新能源汽车充电站里来往的车辆络绎不绝。小王是一名新能源汽车的车主，第一次到这里为他的新能源汽车充电。他随便找了一个闲置的充电桩，刚把充电枪插入汽车的充电口，充电桩上就开始出现提示。按照上面的提示，小王一步步地完成了操作，没用上几分钟，车子就开始充电了。充电桩不仅充电方便，支付也很方便，在客户端上扫码后三秒钟，小王即完成了支付。近年来，在国家节能减排政策的指导下，全国的新能源汽车保有量都呈不断增长的态势，北京、天津等这种地理位置处于北方的城市如此，南方如三亚、西双版纳、广州等城市更是如此。数据显示，2022 年中国的汽车生产量是 2718 万辆，同比增长 3.5%；销售量为 2686 万辆，同比增长 2.1%。新能源汽车最为耀眼，2020 年销售量为 136 万辆，2021 年是 352 万辆，2022 年则达到 688 万辆，可以说销量每年几乎呈翻倍式增长。

然而强大的数据背后，却有很多人质疑新能源汽车，有的新能源车主更是开玩笑地说给自己买了个“爹”，其中一个很重要的原因就是新能源汽车的车主找不到充电桩，充电是个大难题。但为什么国家对新能源汽车的补贴政策已经完全结束，

而充电是个大难题的新能源“爹”反而更火了呢？这不仅和像国网江苏电力有限公司这样有担当的国企有关，也和每个选择绿色出行的车主有关。企业积极践行国家节能减排的政策，服务全社会便捷的绿色出行。它们提升充电基础设施的利用效率，让新能源车主的出行体验得到了满足，而且是愉悦的满足，自然也带动了更多人开始选择这种绿色低碳的出行方式，为打造全中国乃至全世界的绿色未来而尽自己的一份微薄之力。

2022 年初冬，湖南省郴州市的桂阳县实施了金都汇地源热泵项目。这个项目采用的是地热能采暖，具体的方式是将水送到地面以下 120 米的地方，通过地下的恒温进行加热，然后再输送到各个房间内铺设的水暖管道中，对室内温度进行调节。地热能是一种清洁的、可持续利用的能源形式，比电采暖还要节能、环保，这种采暖方式可以降低一次性能源如煤炭等的消耗，能保护生态环境，在全社会层面的节能减排工作中具有非常重要的意义。利用地源热泵采暖方式，在用电成本上就能看出其优越性，每天节约用电数高达 2000 度，核算到每个月的话就是一万多元的成本节约，而且这种采暖方式可以实现水和空气的零污染，对于居民来说没有噪声，空气也不干燥，真正实现了绿色低碳、环保舒适的入住体验。

党的十八大以来，在习近平总书记“四个革命、一个合作”

能源安全新战略的科学指引下，在节能减排政策的有力驱动下，能源企业积极改革创新，不断提升能源供给的质量和效益，所以我国的能源自给率一直保持在 80% 以上。肆虐的新冠疫情人们经受住了，重大自然灾害的严峻考验人们也经受住了，不仅如此，国际上能源价格的巨大变动所造成的传导影响人们也经受住了。

2022 年 10 月 17 日，在党的二十大新闻中心举办的首场记者招待会上，国家发展和改革委员会党组成员对记者提问的关于能源行业未来如何践行节能减排的发展问题做了充分而又详细的解答。国家能源局党组成员、副局长任京东表示，在新发展理念的引领下，我国能源绿色低碳转型的步伐不断加快，发展的质量和效益大幅提升。近十年，以年均 3% 的能源消费增速支撑了年均 6.6% 的经济增长，能源的消耗强度累计下降了 26.4%。国家能源部门通过实践，探索走出了一条生态优先、绿色低碳的高质量发展道路。能源人也在这条路上越走越宽阔，越走信心越坚定。至于未来的发展，任京东表示，可以主要从三个方面继续推进节能减排工作：一是非化石能源继续保持跃升发展的势头，二是化石能源继续发挥清洁高效的利用成效，三是科技创新继续发挥强而有力的驱动作用。能源人一定会积极按照党的二十大要求，立足我国能源资源禀赋，坚持先立后破，深入推进能源革命，以坚定不移的信心推动能源绿色低碳发展。

党和政府一直坚持“绿水青山就是金山银山”的理念，节能减排政策的实施也是为了让我们的祖国天更蓝、山更绿、水更清，让子子孙孙拥有一个绿色的未来。因为节能减排、实现绿色低碳发展是功在当代、利在千秋的大事，是时代赋予各个行业乃至每一个个人的光荣使命和伟大责任。无论是信息通信、能源、汽车制造等行业，还是实实在在生活在这片土地上的每一个个人，都正凭借着有力的措施，迈着坚实的步伐走在积极践行节能减排、“绿动”未来的路上，为建设美丽中国贡献自己源源不断的力量。

清洁供暖助力实现“双碳”目标

党的二十大报告指出：“实现碳达峰碳中和是一场广泛而深刻的经济社会系统性变革。立足我国能源资源禀赋，坚持先立后破，有计划分步骤实施碳达峰行动。完善能源消耗总量和强度调控，重点控制化石能源消费，逐步转向碳排放总量和强度‘双控’制度。推动能源清洁低碳高效利用，推进工业、建筑、交通等领域清洁低碳转型。深入推进能源革命，加强煤炭清洁高效利用，加大油气资源勘探开发和增储上产力度，加快规划建设新型能源体系，统筹水电开发和生态保护，积极安全有序发展核电，加强能源产供储销体系建设，确保能源安全。完善碳排放统计核算制度，健全碳排放权市场交易制度。提升生态系统碳汇能力。积极参与应对气候变化全球治理。”报告对碳达峰碳中和的部署，在我国建设生态文明、推动社会可持续发展方面起到了“举旗定向”的作用。

碳达峰是指二氧化碳的排放不再增长，达到峰值之后开始下降；碳中和是指企业、团体或个人测算在一定时期内直接或间接产生的温室气体排放的总量，通过节能减排、植树造林，抵消自身产生的二氧化碳排放量，实现二氧化碳的“零排放”。

从实现碳达峰到实现碳中和，欧洲花了大约70年的时间，美国花了近50年的时间，而留给中国的只有30年的时间。因而对我国每年碳排放下降的速度和减排的力度都要求极高，难度也大得多。

“节能减排”在“十一五”规划中就被提了出来，中国始终坚持绿色发展，推动绿色发展转型的决心和力度之大前所未有。2023年是全面贯彻落实党的二十大精神的第一年，是承前启后实施“十四五”规划的关键一年，是为全面建设社会主义现代化国家奠定基础的重要一年。我们要全面贯彻落实党的二十大精神，深入贯彻习近平生态文明思想，牢固树立和践行“绿水青山就是金山银山”的理念，统筹污染治理、产业结构调整、应对气候变化、生态保护，协同推进减污、降碳、扩绿，主动承担责任、有所作为，注重统筹协调，增强系统观念，做好上下联动，狠抓落地见效，全力做好资源节约和环境保护各项重点工作，为推进生态优先、节约集约、绿色低碳发展作出新贡献。

实现碳达峰碳中和，是党中央统筹国内国际两个大局作出的重大战略决策，是着力解决资源环境约束突出问题、实现中华民族永续发展的必然选择，是构建人类命运共同体的庄严承诺。

在“碳达峰”“碳中和”的战略引领下，各行业都要进行低碳转型，这已经是不可逆的现实需要，供热领域当然也不例外。长期以来，在我国的北方地区，燃煤是主力热源，占比超过 70%，由此排放的二氧化碳体量惊人。因此以下问题是所有供暖企业都在面临且必须要解决的重中之重：怎样改变燃煤占主导的供热方式？怎样兼顾民生与降碳需求？未来的供热模式会有怎样的变化？供暖行业面临的考验十分艰巨。

数据显示，我国北方农村和城镇的供热面积分别约为 70 亿、140 亿平方米。各类燃煤、燃气锅炉和热电联产提供的热力是北方城镇主要的采暖热源。也就是说，在供暖方面，烧煤所占的比重高达70%—80%，采暖消耗的主要能源依然是煤炭。虽然可以通过热电联产、烧锅炉这些方式实现燃煤的清洁高效利用，但依旧会产生大量的二氧化碳，因此早日实现居民采暖低碳转型，早日完成碳达峰，已经迫在眉睫。

这几年，城镇每年新增的集中供热面积平均都达到了3—5亿平方米，其中新增的大部分热源是通过燃煤产生的。随着人民生活水平的不断提高，更多的人关注起南方供暖。根据研究数据预测，截至2030年，我国南方地区分户供暖用户数量将达到6577万户，区域供暖用户数量将达到3246万户。在碳排放方面，截至2030年，分户供暖和区域供暖的碳排放量，预计分别为2577万吨、4525万吨。综上所述，在建筑运行领域，供暖行业碳减排的增长空间最大，减排形势也是最急迫的。

核能供热是以核裂变产生的能量为热源的城市集中供热方式，是减轻运输压力、解决城市能源供应、消除燃烧煤炭造成的环境污染的一种新方法。核能供热从核电机组二回路抽取蒸汽作为热源，通过换热站进行多道隔离、多级换热，最终经市政供热管网将热量传递至用户。这个过程只传递了热量，没有交换水等其他介质，是一种安全、高效的取暖方式。

2021年冬天，山东省海阳市新老城区的居民都用上了核能供暖，从此告别了常年燃煤取暖的模式。

2019 年，海阳核电站 1、2 号机组投入商运，产出了源源不断的清洁电能。海阳市敏锐地把握住了这一有利契机，于 2019 年 5 月 24 日与山东核电有限公司正式签约，联手启动并推进了核能供热项目。2019 年 7 月 10 日，海阳核能供热一期 70 万平方米项目开工了，建设了核能供热换热的第一站，15 千米的主管网铺设成功。2019 年到 2020 年的供暖季，海阳市度假区、临港和核电产业园 8000 户左右的居民用上了核能供热。在整个供暖期，核能供热安全、平稳又流畅地运行着，居民家里的温度适宜，既环保又保暖，受到了居民和社会各界的一致好评。

由于这一成果的取得，核能供热项目被国家发展改革委、国家能源局在全国范围内示范推广，并授予“国家能源核能供热商用示范工程”，海阳市也被授予“山东省核能综合开发利用示范城市”。山东省能源局评价海阳核能供热“清洁、安全、稳定、高效”。

为了让更多海阳市民能够用上清洁能源供热，扩大供热面积，2020 年 11 月 25 日，海阳市投资 10 亿元，正式开工建设核能供热二期工程，修建、改造市内配套管网 46 千米，建设中继泵站、核能供热主管网、换热站等配套设施，与市内的两家热力公司联网互通，为整个城区的核能供热奠定了重要的基础。

目前，世界上最大的热电联产机组就是海阳核电站 1 号机组了，它可以取代海阳 12 台燃煤锅炉，在供暖季减少 900 万度耗电，节约 10 万吨燃煤，减排 18 万吨二氧化碳、1123 吨氮氧化物、1188 吨二氧化硫、130 万吉焦热量，相当于种植 1000 公顷的阔叶林。

据生态环境部环境规划院统计，2016 年到 2019 年，京津冀及周边“2+26”城市累计 1500 万户实现了清洁取暖，减少 2505 万吨的煤炭消费，仅此区域内就净减少二氧化碳排放 1749 万吨。

作为海阳市核能供热工程的一名普通员工，为了了解更多乡村供暖实情，推动乡村供暖改革的完成，我们实地走访了附近的村庄，为核能清洁取暖能够早日走进乡村、走进千家万户做好基础准备。

燃煤不仅会污染大气环境，更会对使用者的身体健康造成伤害。使用木炭和煤炭做饭和取暖会对室内空气造成污染，并使冠心病和脑卒中的死亡风险显著升高。因此，不仅要重视起城镇的碳减排，也要重视起农村的碳减排。

燃烧煤炭有很多明显或潜在的危害，但是时至今日，大部分乡村在冬季取暖时仍旧依靠这种不安全、不清洁的方式。因此，推动乡村供暖改革有着非比寻常的意义。

经过走访调研，我们发现村中大部分的家庭仍通过燃烧煤炭来取暖。我们经常可以看到这样的画面：村民们吃饭和聊天都围坐在火炉旁边，有时三五成群，若干人就挤在一间窄小且空气不流通的屋子里，为了取暖，屋子里的门窗大多数时间都是紧闭的。

在这样封闭的房间里，燃烧煤炭产生的有害气体和可吸入颗粒物很容易被人吸入体内，危及村民的身体健康。而且，黑黢黢的煤炭经常被堆放在火炉旁，燃烧后的煤灰也随着人来人往被带到各处，把火炉旁的墙壁和地面弄得十分脏乱，碎煤块带来的灰尘也经常飘落到周围的物品上，打扫起来十分不便。村民们也表示燃烧煤炭有不清洁、难打扫的缺点，是村民日常生活中一个难以解决的麻烦。

走访期间，我们也注意到个别村民的家中没有任何取暖设备，寒冷的冬天室内温度根本达不到 16 摄氏度。北方的冬天十分寒冷，即便是艳阳高照的大晴天，这样的温度也让人难以忍受；如果遇到了冰雪天气，可想而知将会十分难熬。许多老人年纪大了，身体本来就有一些基础疾病，再加上冬天免疫力下降，在寒冷的天气里更容易引发其他疾病。

在交谈过程中，我们问村民们清洁取暖和煤炭取暖哪种方式更好时，大多数村民都知道清洁取暖方式更好。但如果建议村民现在就更换取暖方式时，很多村民表示自己仍旧存在一定的顾虑。进一步询问得知村民们最大的顾虑是：自己常听说清洁取暖是很好的取暖方式，也知道国家正在大力推广，但并不清楚它的使用费用和工作方式，担心安装后花销大或者因为操作不当不能获得很好的取暖效果。

经过本次社会调查，我们对农村供暖现状有了更加深入的了解，对现如今乡村供暖存在的问题也更加明确。虽然乡村供暖改革遇到的麻烦很多，但是解决问题的办法也有很多。在乡村供暖改革的道路上，政府始终在积极地承担责任，每年都会因地制宜地开展乡村供暖改革工作。我们企业也要积极配合政府工作，不断改造清洁取暖设备，使其更好地适合乡村家庭使用，让清洁供暖在乡村得到推广，让村民真正在清洁供暖中受益。

除了加强城乡清洁供暖的力度，实现“双碳”目标也是一场深刻而广泛的变革，需要全社会协同一致、共同努力。生态环境工作之所以能够取得成效，就是因为充分凝聚了社会共识。作为供热企业的普通员工，我们也要身体力行地参与进来，全面贯彻党的二十大精神，在党的领导下，打好污染防治攻坚战。

我国生态文明建设进入以降碳为重点战略方向的关键时期，要坚持正面引导，从可持续发展、经济转型升级、人与自然和谐共生、构建人类命运共同体四个维度做好宣传，使“双碳”

工作不是别人让我们做，而是我们自己必须要做的思想深入人心。要深入开展绿色低碳全民行动，倡导简约适度、绿色低碳、文明健康的生活方式，把绿色理念转化为全体人民的自觉行动。

作为供暖企业人员，我们要敢为人先、勇于探索。当前国家提出的“双碳”目标，要构建以新能源为主体的新型供暖系统，面对新形势新要求，我们要积极响应，提前转变方向，加强创新体系、创新机制建设，培育和引进核心技术、核心人才和技术装备，提前进行技术储备、人才储备，做好市场调研对接等工作。通过加强技术创新，提前谋划新业务领域的科技立项和技术攻关，提高工程建设的核心竞争力。在科技创新方面要服务公司发展，进一步拓宽和深化产学研合作，满足新能源板块的需求。

我们要埋头苦干、勇毅前行。做攻坚克难的奋斗者，做改革创新的开拓者，做躬身实干的行动者。在低碳化能源转型的带动下，“十四五”期间将有大量新能源、微电网、互联互动式设备投入运行，与能源相关的行业对科技的需求越来越大。能源领域的技术人员要紧抓机遇，围绕新方向深入开展课题研究。接下来，我们要根据国家战略总体部署集中优势资源优先发展新能源板块，在海上风电、微电网、光伏、储能等项目投融资、市场开发、项目规划、设计、采购、施工、调试、运行维护一体化方面加大力度，尤其加强投融资、设计等环节建设，更好地适应总承包工程市场。

我们要坚持“十四五”发展基本原则，做优清洁能源业务，做强核能资源与环境业务，做大城市建设与基础设施业务，推动清洁能源与城市建设融合发展，加强培育战略新兴业务。充分发挥各区域的信息共享、投资引领等作用，进一步对接各板块资源。通过绿色转型，在清洁供暖方面，加强与各地相关企业优势互补，进行战略合作。进行数字转型，加强数字化管控平台升级建设，优化业务流程，助力决策分析，全面提升管理效率和管理水平。

小我要融入国家大我，要与我们的国家、我们的企业同呼吸、共命运。我们一定要有更高的觉悟和政治站位，站在国家发展和全社会整体发展的战略高度，坚定不移地去贯彻执行党中央的战略部署，在不断解决实际问题中推进制度创新、理论创新、文化创新、实践创新、科技创新，在热力产业转型升级和可持续发展的道路上勠力同心、奋勇前行！

守护多样物种，共建美好家园

提到自然保护区，也许一般的读者并不了解，也并不清楚其作用到底有哪些。作为长白山自然保护区一名普通的工作人员，在正式开篇之前，有必要向读者介绍一下自然保护区的功能和作用。

自然保护区是依法建立和管理的区域，在这里，可以维护生态平衡、保护动植物的多样性。每年，自然保护区都会拯救珍稀濒危野生生物物种、保护许多典型生态系统。同时，因为自然保护区的建立，很多重要的自然历史遗迹也被保存了下来。所以，自然保护区对守护多样物种，推进人与自然和谐发展至关重要。

有了自然保护区，就能够更好地使自然环境、物种、自然资源得到保护，为维护生态平衡作出重要贡献。正因如此，我国环境保护工作中一项十分重要和紧迫的工作，就是加强和发展自然保护区事业。

自然保护区是为了保护生物多样性而存在的。那么，到底什么是生物多样性呢？生物多样性包括遗传多样性、物种多样性，以及生态系统多样性。遗传多样性是指一个物种包含的基因越丰富，它就越能适应环境，越有利于繁衍后代。物种多样性就是指地球上的动物、植物和微生物等生物的种类丰富。而所有物种都是生态系统的组成部分，在生态系统中各个物种相互依存、彼此制约，又与周围的环境相互作用。

生物多样性可以为人们提供丰富的生产生活资源，是人类赖以生存和发展的基础。人们的衣、食、住、行，物质和精神文化生活，都与生物多样性息息相关。除此之外，生物多样性还具有十分重要的生态功能，能够帮助净化环境、调节气候、涵养水源，对维护自然生态平衡具有重要的生态价值。因此，只有保持生物多样性，才能让地球始终焕发生机，保护生物多样性关乎人类福祉。

生物多样性如此重要，然而在现实生活中，仍然存在很多破坏生物多样性的现象。在新闻中我们经常能看到和听到这样的报道：猎杀珍稀濒危的野生动物，非法买卖野生动物及其制品；乱砍滥伐、过度放牧，开垦沼泽、围湖造田；工厂大量排放污水、大气污染物……种种行为对生物的生存环境和安全造成极大威胁，甚至会造成生物物种种群失衡，栖息地环境被破坏，生态安全受到危害。因此，不管这些违法者是明知故犯，还是为了自身生存、生活不得已铤而走险，抑或是因为缺乏基本法律常识而触犯法律，都必须依法严惩。

保护生物多样性不能是一句空谈，而要让它成为每个人都参与进来的行动。不仅要完善立法、加强有关执法司法工作，建立自然保护区，将濒危动物迁出并进行特殊保护，建立种质库；更需要每个人积极参与，人人从我做起。要提高思想觉悟，提高构建“人与自然生命共同体”意识，增强法治意识，不买卖野生动物，抵制野生动物制品，不私自猎杀、豢养野生动物；人人都要从自身做起、从身边的小事做起，保护生态环境、珍惜资源，不为自身利益破坏林木、耕地等，生活中也要养成节约使用水电、节能减排的习惯，践行低碳绿色出行，将保护生物多样性践行于点点滴滴的小事之中。

党的十八大以来，我国坚持山水林田湖草沙一体化保护和系统治理，实施了许多保护生物多样性的重大工程，恢复并提高了 300 多种珍稀濒危野生动植物野外种群的数量，保护生物多样性取得的成效扎实可见。

长白山是世界少有的“生态博物馆”和“物种基因库”，是欧亚大陆北半部最具代表性的自然综合体，是“全世界最稀缺的生态天堂”。长久以来，长白山一直起着维系区域乃至东北亚生态安全的作用。

吉林省十分重视长白山生物多样性的保护工作，持之以恒地践行着“像保护眼睛一样保护长白山的生态环境，像对待生命一样对待长白山的生态环境”的生态理念。在党中央、国务院的亲切关怀下，在国家林业和草原局及吉林省委、省政府的高度重视下，长白山生态保护事业已经经历了 60 余年的峥嵘岁月，开辟了一条符合生态文明建设、极具特色的人与自然和谐共生之路。

1960 年，各级主管部门和长白山管理机构就坚守“保护第一、生态优先”原则，建立起了长白山自然保护区，从此把保护好绿水青山作为第一责任和首要任务。

后来，长白山保护开发区管理委员会成立了。60 多年以来，长白山保护开发区管理委员会用一个个数据、一项项措施让大家看到了他们落下的每一个坚实的脚印：

在生态保护工作中共投入50亿元，实施了130多个重大生态保护项目。

实施松花江大峡谷综合整治项目，斥资2亿元拆除了保护区内5家宾馆，保护了松花江源头的环境。

开展“红松种源封闭保护”行动，舍弃近500万元承包金，放弃每年1亿多元的经济收益，全面禁止保护区内红松果实承包采集行为，让生物链能够休养生息。

……

生态环境保护是功在当代、利在千秋的事业。《吉林长白山国家级自然保护区条例》指出，要建立保护区及其周边区域生态环境联合保护机制，省人民政府自然资源、生态环境、水利、发展和改革、文化与旅游、财政、公安、应急管理、教育、科技、气象、地震等部门在各自职责范围内做好相关工作；建立保护区保护工作联席会议制度，联席会议由省人民政府负责召集，成员单位包括省人民政府相关部门、保护区管理机构、保护区周边区域县级以上人民政府和相关单位。这为新时期长白山保护区建立联合保护机制与加强保护能力建设开辟了新的道路。各部门齐抓共管的同时，引导更多社会力量参与其中，共同践行生态保护理念，形成更大的合力为保护生态系统作贡献。

现在，长白山的生态保护已经从单一模式向系统化方向发展，并逐渐拓宽自然保护区范围，从区内延伸至区外，形成“大长白山”区域联动格局，着力进行山水林田湖草综合治理。如今，长白山已顺利通过世界生物圈保护区10年评估，被列为世界“人与生物圈”保护区示范单位。

刚刚成为长白山自然保护区的一名管护员时，我的第一项工作就是巡山。原以为巡山就是在山里走走看看，可成为管护员后才知道现实要比想象中艰难得多。山路崎岖难走，衣裤和鞋子经常被划破，有时候腿上、胳膊上也都是细密的刮痕，有时还会在深山中安营扎寨，夜晚寒风刺骨，难以入睡，艰难得让我很想退缩。

在日复一日、年复一年的工作中，我渐渐适应了管护员的工作强度。老一辈的人常说东北有“三宝”：人参、鹿茸、貂皮。所谓“靠山吃山，靠水吃水”，长久以来，长白山林区已经养活了一代又一代的人们，无私地贡献着自己的全部，现在我们也是时候去保护和回报这片美丽的森林了。

春天，我们会开展护蛙行动，还会护人参和灵芝等名贵药材；到了秋天就保护红松子；冬天是我们最忙碌的时候，因为此时正是盗猎猖獗的时候。

记得有一次我们几个人在山中巡护，发现不远处有一群人形迹十分可疑，走近才发现他们在盗采灵芝。为避免打草惊蛇，我们没有马上去制止，而是试探地先上前搭话，假装和盗采者套近乎。可这群人十分嚣张，根本没把我们放在眼里，当他们猜到我们的身份时，更是表现出十分傲慢的样子，自以为人多势众，可以为所欲为。

这个时候我们的内心多少是有些慌张的，但我们的职责就是守护好这片绿水青山，盗采人就在眼前，怎么可以置之不理呢？因此我们尽力稳定情绪，耐心地对盗采人进行劝说，一边向他们介绍盗采森林资源的后果，一边把他们带出了林区。最终这群盗采者被移交到相关部门，盗采的灵芝也被全部没收。

后来，盗采者找上门，对我们这群自然保护区的管护员进行威胁恐吓，家里上上下下都提心吊胆。尽管我们十分恐慌，但作为管护员，我们依然坚守着信念，敬畏职责与规章，用国家赋予的权力捍卫着长白山的一草一木。

每年春节前后都是非法盗猎的高发期，为了确保保护区内野生动物和栖息地的安全，我们经常要冒着风雪穿越林海。天空飘着雪，森林里也满是积雪，我们深一脚、浅一脚地踩着厚厚的积雪，走在原始森林的崎岖的山路上，巡护野生动物活动频繁的重点区域，仔细排查有没有非法放置捕猎野生动物的猎夹、猎套等工具，尽自己所能为长白山保护区内的野生动物提供舒适安全的生存环境。由于积雪很厚，搜索捕猎工具的工作难度很大。有一次，我们仔细排查了半个多小时，才在一棵大树下发现并排除了一个被大雪掩盖的猎夹。中午时分，我们只能原地休整，在风雪中吃着早上准备好的干粮。清理好午餐垃圾后，就继续向下一个巡护区域前进。虽然工作辛苦，但我们仍几年如一日地坚守在自己的岗位上，只要能为保护长白山的野生动物贡献出自己的一份力量，我们就已经感到十分自豪了。

长白山保护开发区牢记习近平总书记嘱托，聚焦建设践行“两山”理念试验区，全面加强生态环境保护，不断擦亮生态底色，把东北生态安全屏障筑牢、筑好，优化升级生态文明建设。

吉林长白山国家级自然保护区是世界生物多样性最为丰富的地区之一，拥有地球同纬度保存最完好、最典型的温带山地森林生态系统，拥有丰富的野生动植物资源和珍稀濒危的生物物种。

近几年，吉林省不断加大生态环境综合治理力度，促进了长白山生态系统保护与可持续发展。在国家山水林田湖草项目本底调查中发现，长白山保护区植物资源现有1669种，种类增加了10属50种；菌类资源现有794种，增加了新记录种36个，新种2个；动物资源个体数量呈增加趋势。

特别值得一提的是，长白山保护区的中华秋沙鸭、东北红豆杉等重要野生动植物种群数量也在稳步增长。中华秋沙鸭在全球现有种群数量不足2000对，在我国有160对左右，而吉林省就有大约145对，占全国繁殖种群90%以上。丰富而多样的生态优势成为吉林省绿色发展一抹生动活泼的亮丽色彩。

长白山拥有丰富的物产资源，为中华秋沙鸭等珍稀鸟类的繁衍生存提供了良好的生态环境。每年春天，中华沙秋鸭等鸟类踏上迁徙之旅，来到长白山地区繁衍生息，直至9月末迁离，全年居留期近8个月。中华秋沙鸭在繁育幼鸭期的警惕性极高，如果出现观看、拍照、投食等惊扰现象，便会弃巢而去。

为切实有效保护中华秋沙鸭繁衍栖息环境和种群的增长，全面推进生态文明建设，保护区成立了“保护中华秋沙鸭、灰雁”志愿服务组织。2017年，参与其中的志愿者近300人，每年巡护时长近2600小时。2018年，该项目被吉林省委宣传部评为全省最佳志愿服务项目；2021年，被生态环境部、中央文明办联合启动的2021年度“‘美丽中国，我是行动者’提升公民生态文明意识行动计划”先进典型推选活动推选为十佳公众参与案例。“保护中华秋沙鸭、灰雁”志愿服务组织在野生动物保护专家的指导下开展各项志愿服务活动。每年4月上旬至9月中旬，志愿者会在每天早晨6时开始在城区内二道白河流域两岸进行巡护，开展日常监测工作，记录鸟类迁徙时间、个体特征、活动区域和种群数量变化情况，不断为全面加强中华秋沙鸭种群及栖息地保护工作提供科学依据。同时，他们还开展中华秋沙鸭仿真巢穴的巡查维护工作，扎实做好防范措施，避免松花蛇上树取食鸭蛋现象的发生；在林蛙上岸排卵孵化的关键期，加强日常巡护、做好联合清区工作，严禁发生捕捞、电击和投毒等违法违规行为。在冬季，志愿者还通过增加玉米、蔬菜等补饲食的投喂量、临时搭建圈养野生灰雁窝棚等方式，确保野鸭、野雁等野生动物在池北区安全过冬。志愿者在野生动物活动频繁及游客密集的区域设立标牌及提示语，为游客讲解野生动物保护知识，提示游客不要给野生动物投食，避免投食不当、捡拾鸟卵等不文明行为的发生；充分利用“爱鸟周”“野生动物保护宣传月”等活动契机，广泛深入开展中华秋沙鸭等珍稀鸟类保护的宣传教育工作。

为更好打造自然生态食物链，便于野生鱼类逆流回游，志愿者修建了鱼类回游通道，募集捐款一万余元购买冷水鱼鱼苗，投放到二道白河流域内，尽量减少人工补充投喂等人为干预活动，逐步打造完整闭合的生态系统，保持野生动物自主觅食的野性。由于中华秋沙鸭保护措施到位，域内中华秋沙鸭数量实现了增长。

吉林长白山国家级自然保护区横山保护站红外相机已经不止一次捕捉到国家一级保护动物紫貂了，黑熊、马鹿我们也经常能看到。

随着长白山地区的生态环境质量不断提升，一些稀有濒危生物物种也频现身影。

我在长白山自然保护区工作已经有30个年头了，回首往事，无数难忘的故事历历在目。长白山人在用时间、生命和汗水谱写一曲曲催人泪下的生态赞歌。踏上实现中国梦、“绿色中国”的新征程，长白山自然保护区将深入贯彻习近平总书记提出的生态文明思想，统筹推进经济发展与生态保护，为经济和生态永续发展的美好未来不断努力！

公共安全

提高公共安全治理水平。坚持安全第一、预防为主，建立大安全大应急框架，完善公共安全体系，推动公共安全治理模式向事前预防转型。

给个人信息系上“安全带”

所谓个人信息，指的是以电子或者其他方式记录的、能够单独或者与其他信息结合识别特定自然人的各种信息，包括自然人的姓名、出生日期、身份证件号码、通信方式、住址、账号密码、财产状况、行踪轨迹等。随着信息化时代的到来，大数据、云计算等技术手段在我国运用的范围越来越广，人们在享受信息技术带来的便捷的同时，也面临着个人信息泄露的风险，而且这样的风险不断以新的表现形式呈现，所以保护公民个人信息就变得十分重要。

2022 年 10 月，党的二十大在北京胜利召开。习近平总书记向大会作报告时指出，要加快建设网络强国、数字中国，加强个人信息保护，为我国今后的个人信息保护工作奠定了基调，指明了方向。深入研读党的二十大报告全文，其中一个十分重要的高频词汇就是“安全”。党的二十大报告在“推进国家安全体系和能力现代化，坚决维护国家安全和社会稳定”部分指出，要“坚持安全第一、预防为主，建立大安全大应急框架，完善公共安全体系，推动公共安全治理模式向事前预防转型”“加强个人信息保护”。在党的二十大报告中，“加强个人信息保护”这句表述强化了保护公民个人信息的重要性，为在公共安全治理视角下的个人信息保护工作指明了方向。

伴随移动互联网设备的普及和数字化记录的全覆盖，人们在社会交往过程中无时无刻不通过个人信息进行联系。中国互联网络信息中心于 2023 年 3 月 2 日发布的《中国互联网络发展状况统计报告》显示，截至 2022 年 12 月，我国互联网普及率达 75.6%。在互联网场域，个人的所有轨迹都能被信息化并可以永久保存。这些个人信息集合是对个人的真实写照，个人人格特质潜藏在单条个人信息之下而显露于对个人信息集合的分析之后。在智能算法商业应用铺开以后，依据消费者的个人信息，特别是互联网活动轨迹的信息集合生成的个性化推送正成为互联网活动的日常。

公民个人信息不仅影响个人的人格尊严与人身安全，甚至影响群体与国家的公共安全。骚扰电话、电信网络诈骗、网络盗窃等严重损害了人民群众正常的生活秩序，归根结底都牵涉到个人信息的泄露。公共安全是指人们从事正常的生活、工作、学习、娱乐、交往所需要的稳定的外部环境和秩序。随着我国经济的快速发展，人民群众对生活水平的追求也不断提高，为了满足人民群众对美好生活的需求，就要不断健全完善公共安全体系，以高水平安全保障高质量发展。全面提高公共安全保障能力，不断提升国家治理效能，才能更好地保障人民群众的生命财产安全，进而维护社会的稳定。想要实现社会安定、人民安居乐业，离不开公共安全治理水平的提高，加强公共安全治理能从根本上提高人民群众的安全感与幸福感。个人信息保护与人民群众日常生活息息相关。要从公共安全治理的高度看待个人信息保护问题，从公共安全治理视角做好个人信息保护工作，提升人民群众的安全感。为此，要提高公共安全治理水平，加强个人信息保护。一方面，公共安全工作的目标是夯实人民群众追求美好生活的基础。加强个人信息保护本身就是实现公共安全的一部分，个人信息保护也是公共安全治理必不可少的内容。另一方面，提高公共安全治理水平能够更好地强化个人信息保护效果。

个人信息保护也要做好事前预防的工作。采取事前预防型的公共安全治理模式，遵循了“凡事预则立，不预则废”的原则。相比于事后补救，事前预防具有治理成本最小化、治理思维正向化和治理效率最大化的优势，能够实现公共安全资源的有效配置。《中华人民共和国个人信息保护法》第 11 条规定：“国家建立健全个人信息保护制度，预防和惩治侵害个人信息权益的行为，加强个人信息保护宣传教育，推动形成政府、企业、相关社会组织、公众共同参与个人信息保护的良好环境。”与其他人格利益一样，个人信息保护的事前预防同样意义重大。个人信息一旦被泄露，很可能会给个人信息主体带来持续性的伤害，即使个人信息主体获得了损害赔偿金，能够在一定程度上弥补个人信息主体的损失，但却难以弥补给个人信息主体造成的精神损害。此外，个人信息被篡改也会直接对个人的人格形象造成冲击。因此，应尽早发现侵害个人信息的风险，将风险消灭在实际作用于个人之前，避免难以挽回的损害后果发生。

近年来，国家反诈中心App的宣传推广，对因个人信息泄露等原因造成的电信网络诈骗作出了及时反应，预警并劝阻遭遇诈骗电话、诈骗短信的公民，有效地提升了公共安全治理水平。此外，在法律制度方面，民法典、个人信息保护法在个人信息保护方面规定了人格权、请求权及特别针对个人信息保护的同意撤回权，个人信息主体能够及时有效控制危害个人信息安全的风险。因此，强调事前预防，不但是数字时代公共安全治理的新趋势，而且是个人信息保护的应有之义。

当前我国正处于信息化、数字化飞速发展的阶段，信息化程度的不断提高，使得多样化的互联网应用和社交类的软件在人民群众的日常生活中不可或缺，移动终端的出现虽然便利了人们的日常生活，但也增加了个人隐私和信息受威胁的途径。某些别有用心之人，利用短信或微信发布虚假链接或钓鱼网站，通过诱导性信息进一步窃取用户通讯录、短信等私人信息。处在信息化时代，公民的网络行为都以数据的形式被云端记录，形成了大数据，个人信息和隐私时常会在个体不知情的情况下被相关网站或App挖掘、收集、使用。因此滥用个人信息、数据泄露、电信网络诈骗等问题也随之出现，个人信息保护也变得刻不容缓。

2022年3月，甘肃省酒泉市公安机关在“净网2022”专项行动中，成功破获了一起侵犯公民个人信息的电信诈骗案件。案件发生在2021年下半年，犯罪分子利用非法渠道获取了许多老年人的个人信息，随后安排客服人员冒充健康中心工作人员，以拨打电话的方式与老人取得联系。在与老人沟通的过程中不断套取他们的个人信息，重点获取健康状况信息，骗取老人的信任后，随即向老人推销“具有多种保健作用的保健品”，然而这些所谓的高档保健品实际上是犯罪分子大量购入的价格不足百元的廉价产品。犯罪分子抓住了老年人关注身体健康的心理需求，谎称保健品具有抗癌作用，又利用超低价格诱骗老年人购买，称只需支付几百元的体验费就可以获得价值几千元的保健品，因此许多老年人都会选择购买，犯罪分子实施诈骗的第一步也就完成了。当老年人收到保健品时，同时还会收到犯罪分子事先准备好的、奖项都是一等奖的抽奖卡，犯罪分子在老人签收快递后会第一时间联系老人，并告知老人所中奖品为价值万元的“纪念金币”等，随即诱骗老人仅需支付个人所得税等费用就能获得奖品，从而达到诈骗老人钱财的目的。在整个诈骗过程中，犯罪分子不断掌握老人的个人信息，了解老人的经济状况，然后随时调整诈骗金额。随着老人对其信任程度的不断加深，犯罪分子还会继续编造帮助办理养老保险等理由实施诈骗，诈骗方式花样百出。在这起电信诈骗案中，犯罪分子先后骗得 302 名老年人合计人民币 76 万余元。

近年来，公民个人信息泄露的情况越来越严重，犯罪分子通过各种非法手段获取公民个人信息，为其实施精准诈骗提供了更大的便利，而且犯罪手段不断更新，导致类似的电信诈骗犯罪猖獗。公安机关坚持重拳出击，强力打击了侵犯公民个人信息的犯罪分子的嚣张气焰，切实保障了人民群众的合法权益。今年以来，全国公安机关在公安部的坚强领导下，聚焦事关人民切身利益、群众深恶痛绝、社会反映强烈的突出电信诈骗犯罪，坚持源头治理、系统治理、综合治理、依法治理，重拳出击，从根本上保护了人民群众的财产安全。在今后的工作中，各地公安机关将始终保持对侵害公民个人信息安全的严厉打击态度，坚持人民至上的理念，从人民群众的根本利益出发，肩负起维护公民个人信息安全的使命，从严打击侵害公民个人信息的犯罪，不断提升人民群众的安全感和满意度。

信息时代，个人信息安全已经成为人民群众最关心的问题之一。自党的十八大以来，经过十年发展，我国数字经济规模连续多年稳居世界前列，数字经济在为中国经济增长带来新活力、新动力的同时，信息数据的财产属性逐渐凸显，暴露出的安全风险问题同样不可忽视。如信息滥用、隐私泄露等，已经成为人民群众反映强烈、影响行业规范健康发展的重要问题。

民有所呼，法有所应。为加强个人信息保护，我国不断从立法、执法、司法等各环节出台硬措施，多管齐下，为个人信息安全系好“安全带”。2012 年，十一届全国人大常委会第三十次会议通过关于加强网络信息保护的决定，明确国家保护能够识别公民个人身份和涉及公民个人隐私的电子信息；2013 年，工信部出台了《电信和互联网用户个人信息保护规定》，这也是我国第一部针对个人信息保护的部门规章；2018 年全国人大常委会法制工作委员会会同中央网络安全和信息化委员会办公室，着手研究起草个人信息保护法草案；2021 年，十三届全国人大常委会第三十次会议通过《中华人民共和国个人信息保护法》，保护个人信息权益，规范个人信息处理活动，促进个人信息合理利用，同年颁布实施的《中华人民共和国民法典》，将隐私权和个人信息作为一项民事权利予以专章保护，明确不得非法收集、使用、加工、传输他人个人信息，不得非法买卖、提供或者公开他人个人信息。

在个人信息保护有法可依的前提下，加强个人信息保护，首先要依法严格保护，将法律的要求贯彻到从事个人信息保护的各环节；其次要加强企业平台的监督管理，自觉承担和履行法律规定的责任和义务，全面提升数据安全保障服务水平；最后要加强公民个人的信息安全防范意识，充分履行"同意"权利，主张个人信息权利。随着法治中国建设的深入推进，通过各方协同发力，有效提升个人信息"安全系数"，助力数字经济稳步快速发展。

自个人信息保护法施行以来，全国公安机关依据个人信息保护法及相关法律法规积极开展行政执法活动。2022 年国家网络安全宣传周于 9 月 5 日至 11 日在全国范围内统一举办，宣传周共安排 6 个主题日活动，其中 9 月 8 日为法治主题日。公安部作为"法治日"承办单位，部署全国公安机关积极开展系列宣传活动，发布网络犯罪典型案例、普及上网安全知识等。9 月 8 日，公安部召开新闻发布会，通报公安机关扎实推进夏季治安打击整治"百日行动"，重拳打击网络违法犯罪取得的成效情况。“百日行动”自开展以来，根据公安部统一部署，各地公安机关网安部门坚持“全链打击、生态治理”策略，对严重危害网络秩序和群众权益的突出违法犯罪和网络乱象发起凌厉攻势，开展多轮次集群战役。截至 8 月底，全国共侦办案件 9100 余起，抓获犯罪嫌疑人 1.3 万余名，行政处罚违法违规互联网企业 523 家，加大打击力度，从根本上维护了网络空间安全，保护了公民个人信息安全，保障了人民群众的利益。

一直以来，公安机关网安部门深入贯彻落实《中华人民共和国刑法修正案（九）》和《中华人民共和国网络安全法》《中华人民共和国个人信息保护法》《中华人民共和国数据安全法》等法律规定，从源头抓起，坚持预防和打击并重，强力打击侵害公民个人信息的违法行为，切实加强公民个人信息数据的安全保护，不断提升人民群众的安全感。

现如今，针对个人信息保护的法律体系逐步建立并不断发展完善，各地公安机关始终紧绷保护公民个人信息安全这根弦，始终关注互联网侵害公民个人信息违法活动新动向，全力开展侦查攻坚，让法律落地有声。

习近平总书记强调："网信事业发展必须贯彻以人民为中心的发展思想，把增进人民福祉作为信息化发展的出发点和落脚点，让人民群众在信息化发展中有更多获得感、幸福感、安全感。""国家网络安全工作要坚持网络安全为人民、网络安全靠人民，保障个人信息安全，维护公民在网络空间的合法权益。"信息时代，保护公民个人信息安全变得刻不容缓，因为个人信息牵涉人民群众的根本利益，关涉全社会信息安全。加强个人信息保护写入了党的二十大报告，人民群众在数字社会中的权利得到充分尊重、实现与保护，这是以人民为中心的发展思想的充分体现。在党的二十大报告精神的指引下，公安机关将压实网络安全责任，持续整治危及个人信息安全的问题，继续对相关行业部门和群众开展双向宣传教育，强化信息安全意识，为个人信息安全筑牢堤坝，给公民信息系上"安全带"，让人民群众在安全的互联网世界畅游，安心享受数字世界带来的便利，为我国信息化发展做好全力保障，推动我国互联网行业健康快速发展。

守好公共交通安全线

2022年初，一部电视剧《开端》引发了热议。该电视剧的原型故事——1998年武汉公交车爆炸案重新进入公众视野，引发了公众对公共交通安全的关注。城市公共交通是城市经济生活的命脉，随着我国城市化进程的不断加快，城市公共交通安全已然是关系民生的重要话题。21世纪以来，我国发生过多起重大城市公共交通事故，如成都公交车纵火案、银川公交车纵火案、厦门特大公交车纵火案、重庆万州公交车坠江事件、贵州安顺公交车坠江事故等等，每一个事件都引发了公众对于城市公共交通安全的极大关注。因此，建立健全公共交通安全管理制度，保障城市居民出行安全，是每一个公共交通从业者的责任和义务。

作为城市内主要的交通运输方式，公交车具有载客量大、运行线路稳定、价格低廉、节能环保等优点，成为不少市民日常出行的首选。每一天，一辆辆公交车迎着晨曦驶出车站，将乘客送往城市的四面八方。从晨光熹微到月明星稀，它们是城市这只巨兽血液中的血小板，兢兢业业、日复一日地给城市输送血液，注入活力。可以说，公交车关系着城市居民的日常生活，公交车安全管理是公共交通安全的重要组成部分。加强公交车安全管理，保障城市居民乘车安全，对整个社会的公共安全治理具有十分重要的意义。

近年来，公交车安全事故屡见于报端，小到司乘纠纷，大到纵火坠车，不一而足。这些事故，无疑是为公交公司敲响了警钟。如何加强公交车安全管理？如何维护司乘关系？如何遏制事故发生？如何应对恶性事件？这些都是摆在公交公司面前的难题。

习近平总书记在党的二十大报告中提出："提高公共安全治理水平。坚持安全第一、预防为主，建立大安全大应急框架，完善公共安全体系，推动公共安全治理模式向事前预防转型。"可见，维护公共交通安全，关键在于预防。要防微杜渐，防患于未然。

无规矩不成方圆，完善的制度和良好的纪律是预防公共交通安全事故的"防洪堤"。为了筑牢"防洪堤"，我所在的公交公司在严格遵守国家和地方政府制定的道路交通安全法律法规和安全生产管理条例的同时，制定了一套自上而下的安全管理制度，全面提升公司安全管理水平。

首先，实行领导干部包保责任制，由公司总经理牵头，明确各级领导干部职责，细分责任分工，切实将安全管理工作落到实处；要求各部门尽职尽责、勠力同心，加强安全隐患排查力度，堵住一切可能导致事故的安全漏洞，从实从细抓好安全管理工作，从而遏制安全事故的发生。

其次，规范安全管理制度，狠抓安全管理。我公司组织开展全员安全教育培训，建立健全安全管理考核制度，制定切实有效的考核方案，定期对管理人员和公交车司机开展考核，对安全意识薄弱人员重点关注，积极教育，堵上安全教育的漏洞；对经常出现违章的线路和公交车司机进行强化管理，多叮嘱、常检查，切实提高公交车司机的安全行车意识，从而减少事故的发生，营造人人重视安全、预防危险、守护平安的和谐氛围。

公司在运营过程中，始终践行“为人民服务”的宗旨。方便人民群众的出行是我们的工作，保障乘客的生命财产安全是我们义不容辞的责任和义务。为加强公司党支部成员的党性修养，引导党员干部坚定理想信念，牢记初心使命，公司党支部组织成员学习党的二十大精神，认真贯彻落实国务院、交通运输部、省市交通部门关于公共交通安全工作的要求，把握工作重点，强化责任担当，提高政治站位，树立大局意识，以人民群众为中心，想人民之所想，急人民之所急，全力营造出行更安全、交通更顺畅、服务更温暖的运营环境。

2020年7月7日，贵州省安顺市一辆公交车经过某大坝时突然转向，横跨五个车道，带着一车乘客径直冲进了路旁水库，最终酿成了21人死亡、15人受伤的惨剧。事件一出，震惊全国。在后续调查当中，警方确定案发时并无乘客与司机发生冲突，这一事件系司机张某对拆迁不满，为制造影响，在喝酒后蓄意驾车冲进湖里，是一起典型的报复社会的事件。

这一事件为我们敲响了警钟。公交车司机由于长期久坐、饮食不规律、工作压力大、工作内容枯燥重复等原因，容易出现易怒、焦虑等负面情绪。与此同时，随着无人售票公交车的推广，没有售票员协助，公交车司机往往要直面司乘矛盾，加剧了公交车司机的心理负担。不少公交车司机都遇到过在车辆行驶过程中被乘客辱骂、攻击等情况。作为公交车的直接操控者，公交车司机在面对司乘纠纷时既要安抚乘客，避免对方作出过激行为，又要时刻注意道路情况，防止出现安全事故，心中的压力和委屈可想而知。

公交车司机掌握着方向盘，他们的心理健康关系着公交车上所有乘客的人身安全。因此，有了安顺公交车坠湖事件的前车之鉴，为防范类似情况发生，我公交公司组织员工开展心理健康讲座，邀请专业人士为驾驶员们分析压力和负面情绪的成因，传授压力管理、情绪管理方法，教导公交车司机如何与乘客进行良性有效的沟通，转化和释放负面情绪。

去年，我公司有一位公交车司机老张连续几日与同事发生口角，直属领导介入之后发现老张情绪低落，询问原因对方却一言不发。为了了解老张情绪低落的原因，领导询问了与老张交好的其他司机。原来，那段时间老张与妻子经常争吵，夫妻关系紧张。家庭不睦，老张难免将情绪带到工作当中，因此频频与同事发生冲突。了解到原因之后，领导先是耐心开解老张，缓和他的情绪，告诉他应对家庭矛盾时应该平心静气地交流，找到解决问题的方法，争吵谩骂只会加剧夫妻矛盾，使夫妻离心离德，最终走向无可挽回的局面。在老张的情绪平复之后，领导又向他重申公交车司机工作的重要性，每一位公交车司机的方向盘都关系着一车人的人身安全，让负面情绪主导，是对自己的不负责，对家庭的不负责，也是对乘客人身安全的不负责。通过沟通，老张认识到自身的错误并深刻反省。他表示，会认真解决自己的家庭矛盾，平复自己的心态，努力用积极的态度去面对每一天的工作。

老张的故事只是我们重视驾驶员心理健康的一个缩影。为保障驾驶员心理健康，公司成立了心理咨询室，帮助驾驶员做好情绪保养和情感管理。同时，公司对家庭困难或近期出现较大家庭变故的驾驶员进行重点帮扶，在生活层面给予关心和帮助，在心理层面给予关爱与呵护，帮助他们走出生活的阴霾。

为了让安全更有保障，我们加大力度在管理上做好预防。

一方面，我们定期对公交车进行维修管理，及时补充、更换车辆的灭火器、逃生锤等消防设施。要求驾驶员严格执行发车前、运营中、收班后的车辆例检制度，及时处理车辆安全隐患，坚决杜绝“病车”上路，避免因机械性故障导致事故。

另一方面，我们未雨绸缪，科学调度，保障市民节假日乘车安全。每逢节假日，就是公交客流的高峰期。密集的人流、车流给公交安全运行带来了极大的压力。为了更好地服务市民，我们综合历年来节假日客流情况，结合当前实际，对节假日尤其是五一、十一、春节长假的客流分布、走向、高峰时段等情况进行分析研判，制定科学合理的营运方案，结合现场指挥调度、智能远程调控等手段，对客流密度大的线路，或适度调整、延长线路运营时间，或增加车次提高公交运力，全力保障节假日期间乘客走得及时、走得安全、走得顺畅。针对寒暑假学生回家和返校高峰，我们主动与各大高校对接，开通高校学生回家、返校定制公交专线，为莘莘学子提供便捷的公交服务。同时，我们还安排专人在景区、高校、火车站等客流密集场站维持交通秩序，引导车辆有序进站、规范停靠，加大危险品检查力度，严防乘客携带易燃易爆等危险品上车，确保乘客安全出行。

开展安全应急演练一直是我们的日常工作，一方面，可以发现应急预案存在的问题，完善预案，提高预案的实用性和可操作性；另一方面，可以增强驾驶员及管理人员应对突发事件的能力，使我们在面临突发事件时能够及时反应、妥善处置，最大限度地保证司乘人员的人身财产安全。

在公交安全问题中，消防安全一直是我们关注的重点。公交车内往往空间有限而又人员密集，一旦发生火灾，火势很容易蔓延并造成重大伤害。为增强驾驶员火灾防范意识，提高全体驾驶员自护自救应急处置能力，我们多次邀请消防员对全体一线驾驶员进行消防知识培训，同时组织开展消防演练活动。这些消防演练活动围绕公交运营消防安全展开，在科普日常生活中的基本防火、灭火常识的同时，注重对驾驶员应变自救能力的培养。这一过程增强了全体员工的消防安全意识及责任感，提高了防火救灾的实战技能，夯实了防范和应对突发事件的应急处理能力，为做好公交安全管理工作打下了坚实的基础。

除了消防安全演练，我们还开展了防暴反恐、乘客突发病症应急处置、乘客抢夺方向盘应急处置、乘客携带危险品乘车应急处置等演练，进一步增强了公司员工的安全意识，最大限度地预防和减少了突发事件造成的伤害，保障了乘客的人身财产安全，为社会营造了平安和谐的公共交通出行环境。

2020 年以来，新冠疫情向公交车安全管理提出了新的难题，如何统筹抓好疫情防控和行车安全,成为我们又一新的工作方向。

疫情之初，我们充分认识到疫情防控形势的严峻性、复杂性。作为公共交通工具，公交车内乘客多而空间有限，拥挤的人群无疑是病毒传播的绝佳场所。为打造能让乘客放心出行的“免疫”公交，我们严格按照上级疫情防控工作的部署要求，持续全面推进疫情防控工作，强化防控举措，严控传播途径，做好应急保障，全力营造安全健康的出行环境。

在此期间，驾驶员与乘客不可避免地发生了一些冲突，但驾驶员们秉持着服务人民的理念，妥善化解了争执，避免了矛盾进一步激化，保证了公交车内的安全和谐。有一次，一位老人想要乘坐公交车，但他没戴口罩。为了车上乘客的安全，司机再三向老人表示乘坐公交车必须佩戴口罩并出示健康码。老人年事已高，使用手机并不熟练，在找不到健康码的情况下情绪变得十分激动，对司机破口大骂。面对老人的不理解和不配合，司机并没有恼怒，反而平心静气地安抚老人的情绪，告诉老人戴口罩和出示健康码不仅仅是为了其他乘客的安全，也是为了保护他的健康。在司机的劝说下，老人情绪得以平复。最终在司机和热心乘客的帮助下，老人找到了手机上的健康码并戴上了口罩。

新冠疫情犹如达摩克利斯之剑高悬于众人头顶，公交车司机每天都要接触大量乘客，这也给他们带来了巨大压力。为了保障驾驶员健康，稳定驾驶员情绪，我们一则加强公交车的卫生安全管理，要求公交车运行至终点站时要打开所有门窗通风，每天公交车入库后、出库前会对车厢内部进行全方位的消毒；二则开展防疫知识培训，提高驾驶员对疫情的认识和防疫能力，降低他们对疫情的恐慌；三则重视驾驶员的心理状态，及时缓解他们因疫情导致的情绪问题。一次，因为一名新冠确诊患者曾乘坐过某一路公交，同车的司机和其他乘客作为密切接触者被要求居家隔离。一时间，驾驶员们人心惶惶，生怕自己被传染。为了安抚驾驶员们的情绪，我们组织员工进行新冠检测，在得知自己的检测结果为阴性后，所有的驾驶员都松了一口气，重新投身到工作当中去。

疫情期间，这样的故事还有很多很多。面对疫情的挑战，我们上下一心，携手应对新冠疫情带来的冲击和挑战，坚决维护公交卫生安全的同时，勇于承担社会责任，协助防疫人员开展防疫物资及人员的转运工作，为战胜新冠疫情提供坚实的运输保障。

又是一年春来，枝头新绿，鸟雀喧嚣。城市的边缘在一年年地扩展，城市的居民在一年年地增长，城市的一切在时光的流转中悄然改变。伴随着城市的变化， 公交车数量变得更多，公交线路变得更长，但不变的是，我们致力于保障公共交通安全的心和为之付出的一切努力。

习近平总书记在党的二十大报告中多次强调要统筹发展与安全，这为公共交通安全管理工作提出了新课题、新要求。在新的一年，我们将秉承习近平总书记提出的“安全第一，预防为先”的宗旨，在制度、思想、心理、管理等多个层面加强公交安全管理建设，时刻绷紧安全弦，不断强化公司员工的安全意识，排查整治安全隐患，防范和遏制公交安全事故的发生，保障市民公共交通出行安全，为公共安全治理贡献力量，为建设交通强国添砖加瓦。

抓好食品安全 守护人民健康

民以食为天，食以安为先。在我们的日常生活中，一日三餐看似很平常，却是非常重要的事情。但是，你在就餐时，是否只顾享受舌尖上的美味，而忽略了食品安全呢？食品安全关系人民群众的身体健康，甚至影响人民的生命安全，因此我们在食品消费的过程中，安全是最低标准。近年来，伴随我国经济的快速发展，人民生活条件也越来越好，对食品安全的关注也越来越高，食品安全也成为社会普遍关注的基本民生问题。

党的二十大是在全党全国各族人民迈上全面建设社会主义现代化国家新征程、向第二个百年奋斗目标进军的关键时刻召开的一次十分重要的大会，为未来五年乃至更长时期推动党和国家事业发展，制定了大政方针、作出了全面部署，意义非凡。党的二十大对社会主义经济建设、政治建设、文化建设、社会建设、生态文明建设等作出了重大部署，尤其是报告提出了“强化食品药品安全监管，健全生物安全监管预警防控体系”“坚持安全第一、预防为主，建立大安全大应急框架，完善公共安全体系，推动公共安全治理模式向事前预防转型”的重要部署，明确了“增强忧患意识，坚持底线思维”“主动防范化解风险”等重要要求，作出了“实现高质量发展”“构建全国统一大市场”“推进健康中国建设”“树立大食物观”等决策部署，这些重大决策和重要安排，为食品安全工作提供了指导方针和操作方法。大会还强调，人民健康是民族昌盛和国家强盛的重要标志。根据党的二十大精神的要求，我们要始终坚持人民至上的理念，从人民群众的根本利益出发，多措并举，纵深推进食品安全治理，守护人民群众的健康，时刻把提高人民群众的幸福感作为工作的第一要务。作为市场监管部门的工作人员，必须坚持人民至上，切实履职尽责，以“时时放心不下”的责任感，做好食品安全工作，守护好人民群众的健康。

食品安全事关民生大计。党的十八大以来，习近平总书记多次强调“舌尖上的安全”，提出“四个最严”的要求，即“用最严谨的标准、最严格的监管、最严厉的处罚、最严肃的问责，确保广大人民群众‘舌尖上的安全’”。随着我国对食品安全问题重视程度的提高，食品安全监管部门进行了大刀阔斧的改革，持续完善食品安全工作责任制，推动食品安全党政同责和部门责任、属地责任落地落实，食品安全监管“组合拳”“联合仗”效果更加突出，食品安全基层治理基础更加牢固。这就要求我们改革监管的模式，从源头到过程进行全程监管，从严加强对食品生产经营企业风险分级管理，实现全覆盖，用智慧监管手段替代“人海战术”监管；对农村地区、学校等重点区域和食用农产品、保健食品等重点品种实施精准监管，推动食品安全治理体系不断完善。

为了更好地落实党的二十大报告提出的公共安全治理模式向事前预防转型的战略安排，就需要压紧压实食品安全主体的责任。坚持依法行政，严格落实《中华人民共和国食品安全法》《企业落实食品安全主体责任监督管理规定》，督促企业把产品质量和安全放在首要位置，紧盯食品生产全过程的安全监管，推进食品生产企业主体责任的落实。对于大中型企业，要结合实际指导其设立食品安全总监、配备或者指定适当的食品安全员，对于小微企业，需要指导其完善食品安全管理制度。同时还要指导地方督促企业严格落实“日管控、周排查、月调度”工作制度。从根本上提升企业食品安全意识，主动开展自查活动，根据风险控制要求，严格落实企业食品安全主体责任，以企业的责任落实，推动食品安全监管由事后亡羊补牢转变成事前未雨绸缪。

围绕落实党的二十大报告提出的把我国制度优势更好转化为国家治理效能的工作原则，我们要系统推进食品生产法治监管、信用监管、智慧监管。加强制度建设，让制度管根本、抓长远；加强调查研究，分析食品生产安全形势，制修订《食品标识监督管理办法》《食品生产企业风险分级管理办法》等。

不断深化对企业食品安全的信用监管，根据实际情况对企业建立食品安全信用档案。我们要综合运用食品生产企业信用等级，强化风险分级管理，实施精准监管，严守食品安全底线。我们要加强智慧监管，坚持以用为核心，优化食品生产监管信息系统功能应用，研究开发食品添加剂标准查询指导数据库。我们还要强化食品生产监督检查工作，以风险分级为基础，严格日常监督检查，重点加强飞行检查和体系检查，探索开展随机监督检查和异地监督检查，通过实施严检查、强监管，倒逼企业持续合规，保证生产加工食品质量安全。

围绕落实党的二十大报告提出的主动防范化解风险的重要要求，以“时时放心不下”的责任感，防范化解食品生产安全风险。我们在对食品生产企业食品安全进行监督检查工作时，要坚持“一企一档”，排查企业全链条、全流程风险，有针对性地建立企业风险清单，提出防范化解风险的措施清单，以及监管部门的责任清单；坚持“一域一档”，组织开展重点区域的食品安全风险排查，对重点区域的食品安全风险问题重点检查，落实主体责任；坚持“一品一策”，对重要食品的安全问题加大监察力度，比如婴幼儿食品、肉制品、食用植物油、食醋等重点食品的风险排查，食品添加剂“两超”等重点问题专项治理。

在工作实践中，我们不断强化社会监督共治，坚持群策群力、发动群众，整合社会力量，调动各行各业人员积极参与，努力打造食品安全共治共享的模式，全方位织密食品安全网，突出行业自治。此外，我们还充分发挥餐饮业协会、食品流通协会等行业协会沟通协调、监督指导作用，鼓励指导行业协会积极制定行业公约、建立行业标准，开展食品安全培训、宣讲活动，发布食品安全告知书，引导食品行业企业健康发展，不断增强食品生产企业自我教育、自我管理、自我约束、自我提升能力。

截至2022年9月底，在国家市场监督管理总局开展的食品安全“守底线、查隐患、保安全”专项行动（简称“守查保”专项行动）中，全国共排查发现风险问题528.8万个。对于群众反映强烈、突破道德底线的突出问题，各级市场监管部门从多批次抽检不合格、投诉举报量大、舆情关注度高的线索入手，开展排查整治，对发现的问题台账管理、对账销号，强化督促整改；对已处置的问题“查旧账”“回头看”，防止死灰复燃。国家市场监督管理总局部署食用植物油专项治理“回头看”，对已责令停产停业的176家食品生产经营主体，逐一跟进督促，严厉打击“吊证不停产”“换马甲复产”等行为，确保真正整改到位。

在“守查保”专项行动中，我们积极探索、大胆创新，建立责任包保制度，由领导干部包保重点区域、企业，明确任务、责任到人。内蒙古通过风险管控智慧系统，直接督促企业食品安全总监、食品安全员履行职责，压紧压实企业主体责任。河南成立重点企业投诉处理工作专班，深入涉事企业驻点办公、现场督导，确保问题有效解决。广东建立抽检不合格企业分层分级约谈制度。排查风险、消除风险是开展食品安全“守查保”专项行动的初衷，行动真正落实了食品监管的事前预防机制，把食品安全风险的火苗及时熄灭。

食品安全事关人们的身体健康和生命安全，食品安全监管应以日常监管全覆盖的检查方式，结合“双随机、一公开”要求，有序实施监督检查工作。为了更好地落实食品安全示范城市创建工作、食品安全“守查保”专项行动，我们对照要求严抓严管，及时消除食品安全隐患。

疫情期间，云南省市场监督管理局从人民群众的根本利益出发，为保障食品安全，守护人民健康，在全省进行了一场食品安全“守查保”专项行动。

这次的专项行动以全面发现食品安全隐患为目标，力求将食品安全风险扼杀在摇篮里，为此将行动划分为三个阶段，每个阶段为一个“百日行动”，分阶段、分重点开展食品安全监管工作，有序、有力开展工作，重点排查具有普遍性、系统性、区域性的食品安全问题，从根源发现问题，及时采取有力措施消除食品安全隐患。第一个阶段的行动主题为“冬春季食品安全百日行动”，这一阶段重点排查市场占有率高的食品企业和销量大的重点食品，排查重点领域的食品安全隐患，采取有力措施集中整治。第二个阶段的行动主题为“食物中毒防控百日行动”，这一阶段的工作重点是进行预防食物中毒的教育宣传，加强对农产品领域采摘、加工、食用的监管，检测农药残留是否达标，并对重点领域如集中用餐的单位食堂等排查食品安全隐患，排查风险，集中整治。第三个阶段的行动主题为“迎大会、保安全百日行动”，为了做好党的二十大期间的后勤保障工作，在全域对食品安全进行了全面的摸底排查工作，开展了对校园、餐饮服务单位等重点领域的食品安全隐患的排查整治。

云南省市场监督管理局在这次专项行动中取得实效，发现食品安全隐患后集中分析研判，快速出台对策，重拳出击，严厉打击了食品安全违法行为。并且在众多违法案例中抓典型，通过媒体曝光震慑违法食品企业，从根本上保障食品安全，守护人民健康。他们的专项行动行之有效，立竿见影，为我们工作的开展打开了思路。

食品安全责任重如泰山，事关人民群众的身体健康和生命安全。近年来，随着食品问题的不断涌现，食品安全已经成为人民群众最关心的问题之一。自党的十八大以来，党中央高度重视食品安全问题，习近平总书记也对食品安全工作作出了重要批示，深刻阐述了食品安全工作的重大意义、基本原则、工作重点、工作方法等，为全面加强食品安全工作提供了根本遵循、指明了发展方向。党的十八大以来，国家卫生健康委员会全面打造最严谨标准体系，吃得放心有章可依。经过十年发展，截至 2022 年 11 月，我国食品安全国家标准已达 1478 项，规定 2 万余项食品安全指标，涵盖了从农田到餐桌，从生产加工到产品全链条、各环节主要的健康危害因素。

据统计，我国承担食源性疾病监测的医疗机构已从312家增加到7万余家；我国食品污染和有害因素监测的县区监测点覆盖率从41.7%增加到了99.0%；我国食品污染和有害因素监测的监测食品类别从15类扩展到32类，监测指标从114项增加到1432项。党的十八大以来，我们坚持保护和促进公众健康的崇高使命，坚持科学化、法治化、国际化、现代化的发展道路，持续加强食品安全治理体系和治理能力建设，持续推进食品安全治理机制方式方法创新，持续强化食品安全生命周期风险管理，持续深化食品安全专项治理。

党的二十大报告系统阐述了习近平新时代中国特色社会主义思想及其所蕴含的世界观和方法论，提出必须坚持人民至上。进入新时代，踏上新征程，坚持风险治理、责任治理和智慧治理，抓好食品安全工作，就是深入贯彻落实党的二十大精神，“紧紧抓住人民最关心最直接最现实的利益问题”“着力解决好人民群众急难愁盼问题”；就是深入贯彻落实党的二十大精神，“把保障人民健康放在优先发展的战略位置，完善人民健康促进政策”；就是深入贯彻落实党的二十大精神，“实现好、维护好、发展好最广大人民根本利益”。

作为一名基层市场监管人员，在党的二十大精神的指引下，我更加明晰了今后工作的方向，将时刻以“四个最严”为根本遵循，落实分级有序的工作机制，采取更多惠民生、暖民心的举措，全心全意做好人民群众最关心的食品安全工作，坚守市场监管领域安全底线，时刻把人民群众的健康放在工作的第一位，真正做到让人民群众吃得放心。食品安全违法违规行为会给人民群众的生命健康造成不同程度的伤害，食品安全没有“后悔药”，所以必须严厉打击食品安全违法行为，消除食品安全隐患。在今后的工作中，我们要不断拓展监督渠道，借助媒体监督、投诉举报等途径排查食品安全隐患，加大对食品安全违法者的监管力度；特别要对典型的食品安全违法行为从严处罚，落实食品企业主体责任，真正做到处罚到人。

深刻体会党的二十大报告，我们能够发现“人民至上”的理念已经深入人心，这为我们未来做好市场监管工作赋予了新重任、描绘了新蓝图、确立了新坐标。在党的二十大精神的引领下，我们会把“人民至上”理念牢记于心，坚决落实“四个最严”要求，做好食品安全监管工作，守护好人民群众的健康。食品安全大于天，事关千家万户，事关社会和谐稳定。作为市场监管人员，在未来的工作中我们将始终以党的二十大精神为指引，把食品安全原则内化于心，把食品安全工作做实做细，做好食品生产全过程的监管工作。食品安全作为民生工程，征程万里无止境，一身“市监蓝”是公平正义的信念航标，一颗赤子心时刻诠释着职业担当。走进新时代，迈向新征程，我们将埋头苦干，做人民群众食品安全的坚实后盾。

用责任担当把好消防安全关

在闪烁的霓虹灯下，在汹涌的人潮里，在川流不息的车流中，在一切平凡无奇的瞬间，一群“隐形”的人民卫士枕戈待旦。每次出动，都是一次生命救援战斗；每次出动，都是一次财产守护战斗。每一次警铃震响，每一次整装出发，他们都义无反顾、勇往直前，他们是护佑城市安宁的最美逆行者——消防员。消防员们面对熊熊烈火，逆火而行、冲锋在前；面对滔滔洪水，毫不犹豫、纵身一跃；面对遇险群众，毫不退缩、展开营救……在国家财产和人民生命受到威胁的时候，他们总是置生死于度外，挺身逆行。他们不是生来勇敢，而是选择了责任与担当。

“安全”二字重千钧。党的二十大报告中明确提出，“提高公共安全治理水平”“提高防灾减灾救灾和重大突发公共事件处置保障能力”。党的二十大报告从党和国家事业发展的全局出发，对推进国家安全体系和能力现代化作出了战略部署，为我们维护国家安全和社会稳定、做好当前和今后一个时期的消防工作指明了前进方向、提供了根本遵循。在推进国家治理体系和治理能力现代化进程中，消防救援队伍要把深入学习贯彻党的二十大精神融入消防救援工作中，牢固树立总体国家安全观，坚持人民至上、生命至上，全面提升“全灾种、大应急”综合性应急救援能力，充分发挥应急救援“主力军、国家队”的作用，统筹发展和安全，全面提高消防安全治理水平，全力防范、化解各类消防安全风险，积极应对、处置各类灾害事故，以高质量消防安全服务保障经济社会持续健康稳定发展，合力守护人民幸福平安，维护国家长治久安。

消防救援工作涉及千家万户、各行各业，事关人民群众生命财产安全。消防安全是安全的基石，消防员是灾害事故发生后的守护者。近年来，人民群众对消防安全的期盼越来越高，国家推动消防安全综合治理的力度越来越大，一大批涉及消防安全的民生问题逐步得到解决，消防安全基础越来越牢固，“人民至上、生命至上”的理念也越来越深入人心。为了最大限度地减少人民群众的灾害损失，更好地保障平安，推动全社会落实消防安全责任，构建全域联动、立体高效的防控体系和处置体系十分重要。

党的二十大报告对推进国家安全体系和能力现代化提出了更高要求，消防救援队伍承担着防范化解重大安全风险、应对处置各类灾害事故的重要职责，使命光荣、任务艰巨。贯彻落实党的二十大精神和习近平总书记关于消防工作的重要论述，守护好人民群众生命财产安全，必须巩固基层基础，注重组织有关部门、单位，动员社会力量广泛参与，努力构建“大防控”的消防工作格局，切实提高消防安全治理水平。近年来，全国消防救援队伍在全灾种、应急救援、安全监管、消防宣传等方面积极作为，多举措筑牢消防安全“防火墙”，守护群众平安，全力营造良好的消防安全环境，为经济社会高质量发展保驾护航。

努力实现从单一职能到“全灾种、大应急”的综合职能转变。不断完善公共安全体系，强化全灾种实战演练，全力推动队伍综合职能水平持续提高、战斗力标准持续升级、应对处置各类灾害事故的本领持续增强、公共消防安全治理水平持续提升。提高消防救援队伍遂行作战保障能力，加强社会联合保障体系建设，建立各级消防应急救援物资储备中心和区域性应急救援物资储备库，健全政府部门、生产企业、物流企业等参与的应急资源快速调配机制，确保一旦有需求，各类后勤保障响应快速到位。统筹好“国家队”力量、专业力量、社会力量建设，拓展消防站功能，制定涵盖政府、行业专业队伍和民间公益救援组织的“大应急”联动机制，分级分类制定重点项目应急响应预案，充实应急救援体系，充分应用大数据、人工智能等先进技术，构建反应灵敏、上下联动、高效畅通的消防“智慧大脑”，不断提高救援智能化水平。

建立健全现代化应急救援体系，进一步提高防灾减灾救灾和重大突发公共事件处置保障能力。深化拓展综合性消防救援队伍与行业部门、基层组织、重点企业共同组建专业队伍的模式，优化各级救援力量的战斗编成，建立联防联控机制，定期开展大型消防综合演练，召开消防安全座谈战评会，形成市域联动、立体高效的防控体系和处置体系，提升实战救援效能。完善救援物资装备和专家技术联动机制，整合行业部门信息资源，发挥资源优势，建立应急救援物资储备库，组建全方位的联勤保障力量，提升应急保障水平。建立智能化、专业化的消防指挥中心，结合“1+N”大数据平台，充分应用大数据、人工智能等先进技术，构建反应灵敏、上下联动、高效畅通的消防“智慧大脑”，提高救援智能化水平。加强互联网、5G物联网、云计算等先进技术的运用，以消防安全监管为中心，建立智慧型消防平台体系，发展“智慧消防”，充分发挥消防点位作用，实现消防安全从“传统人防”向“智能技防”迈进。

坚持安全第一、预防为主，下好风险防范“先手棋”。消防安全不仅关系到个人安危、家庭幸福，更牵动着公共安全和社会发展。事故不容“假设”，悲剧没有“如果”。一个小小的烟头可能将一栋民房吞噬，一丝电火花可能会引燃整个商场。

比起事后救援，采取措施防患于未“燃”尤为重要。防范事故的有效办法，就是要主动排查、综合治理各类隐患，不要等到付出了生命代价、有了血的教训之后再去改进工作。要因地制宜落实消防安全网格化管理，以常态化监督维护消防设施健康化运行，使隐患排查整治常态化、规范化、制度化，通过精准研判、精准执法、精准治理，确保社会面火灾形势进一步稳定。

加强消防安全宣传，构筑全民消防干线。充分利用线上线下资源推广消防安全文化理念，完成“抓消防安全，保高质量发展”。紧紧围绕习近平总书记重要讲话和党的二十大精神关于“提高防灾减灾救灾和重大突发公共事件处置保障能力”等决策部署，持续推进消防宣传“五进”工作，即“进社区、进学校、进企业、进农村、进家庭”，积极向广大群众开展消防安全知识宣传教育活动，提高全民消防安全意识。开展消防基本技能宣传培训，制定群众互助互联式初期火灾应急救援机制，使群众“会报警、会疏散，小火会用灭火器，大火会用消火栓”，全民联动，扩充处置火情“灭早、灭小、灭初期”的坚实力量。扎实开展消防示范学校创建、重点人群培训活动，大力推进消防应急科普教育基地建设，形成线上＋线下、媒体＋平台、日常＋关键的宣传教育模式，在居民小区及商场建立消防文化广场、消防主题餐厅、消防商场等，提升群众对消防安全的关注度和知晓率，使全民消防进入常态化。

2018年11月9日，习近平总书记向国家综合性消防救援队伍授旗并致训词，强调“国家消防救援队伍要对党忠诚、纪律严明、赴汤蹈火、竭诚为民，在人民群众最需要的时候冲锋在前，救民于水火，助民于危难，给人民以力量，为维护人民群众生命财产安全而英勇奋斗”，标志着这支全新的人民队伍举旗定向、踏上征程。

4年来，国家综合性消防救援队伍共接警出动622万余次，营救和疏散遇险群众239万余人，出色完成了江苏响水“3·21”爆炸、河南郑州“7·20”特大暴雨、重庆地区森林火灾、四川泸定6.8级地震等重大应急救援任务，最大限度保障了人民群众生命财产安全。他们忠实践行习近平总书记重要训词精神，在人民群众最需要的时候冲锋在前，救民于水火，助民于危难，给人民以力量，为维护人民群众生命财产安全而英勇奋斗，真正释放了消防救援队伍的铁军力量，赢得党和人民的高度信任和信赖。刀山敢上、火海敢闯，是这支纪律队伍的使命要求，更是消防救援队伍履行应急救援任务的生动写照。召之即来，战之必胜，用血肉之躯筑起公共安全的“防火墙”，他们的每一次逆向而行都是对训词精神的最好诠释，都是对平安的一种感召。在以习近平同志为核心的党中央坚强领导下，消防事业改革发展守正创新，各项工作取得新的成效。广大消防员忠实践行习近平总书记重要训词精神，坚定扛起保民平安、为民造福的职责使命，经受住了血与火、生与死的考验，出色完成了一系列重大灾害事故抢险救援任务，彰显了应急救援主力军的时代风采。

在每年春节临近的时候，许多人都踏上了回乡的旅途。然而陕西省西咸新区消防救援支队的消防员们却仍坚守在一线，他们的坚守只为保障人民群众度过一个平安祥和的幸福年。

每当消防救援站执勤站长拉响警报时，听到警铃后，全体消防员会火速下楼、冲向车库、穿戴好个人防护装备，随即消防车迅速驶离车库，出库停稳后，大家快速集合，检查空气呼吸器、头盔灯、呼救器等装备能否正常使用，车辆油、水、电、气是否充足。像这样的拉动演练随时会进行，目的是检验队伍在节日期间执勤备战情况。“时刻准备着”是每一个消防员对自己职责使命的深刻理解。每年春节的时候，燃放烟花爆竹、取暖不当造成火灾多发，是出警最频繁的时间段。在队伍内部，一直都流传着这样一句话：百姓过节，消防过关。随着春节的脚步越来越近，消防员们的“弦”也越绷越紧。有一位消防员已经参加消防工作 6 年多了，一个个重大节假日他都坚守在岗位上，参与紧急处置的警情有上千起。作为一线救援人员，越是过节，越不能放松警惕，越要坚守岗位，时刻准备着，做好人民群众的“守夜人”。队长更是以身作则，带头落实各项检查工作，检查空气呼吸器气压和面罩气密性，检查队员个人防护装备有无破损，坚持每日交接班检查车辆器材油、水、电、汽，每日排查营区安全隐患，带领班长进行内务卫生检查，用自己的实际行动提高队伍的战斗力。

消防救援大队坚持作战训练工作的主业中心定位，发扬“敢于吃大苦”的精神作风，注重科学赋能，在全年的训练工作中着力开展实战练兵，以“敢于打硬仗”为目标，在诸多抢险救援实战中极大提升了综合应急处置能力。

在全国，多年来坚守一线参与救援，时刻准备着的消防员还有很多。他们把热血和青春献给了消防，出色地践行了一名消防员所肩负的神圣职责，面对危险，消防员用行动充分彰显全心全意为人民服务的宗旨，用青春和汗水在消防救援生涯中谱写了辉煌的篇章。

党的二十大是在全党全国各族人民迈上全面建设社会主义现代化国家新征程、向第二个百年奋斗目标进军的关键时刻召开的一次十分重要的大会，是一次高举旗帜、凝聚力量、团结奋进的大会，在党和国家历史上具有重要的里程碑意义。习近平同志所作的报告旗帜鲜明、内涵丰富、逻辑严密、体系完整，是新征程上的旗帜和纲领，需要我们认真去领会，认真去思考，特别是思考在现代化建设道路上如何突出安全和发展。

在党的二十大全新历史征途上，消防队伍更要以人民群众的殷殷期盼为动力，忠实履行新时代消防员的职责使命。发挥消防救援队伍自身优势，坚持战斗力这个唯一的根本标准，优化执勤训练模式，加强练兵备战，集中开展“专攻、专精、专用”训练，完善指挥体系建设；加大装备投入，增配水域、地震等专业性能高、实用性强的消防装备，推动装备建设从“数量规模型”向“质量效能型”转变。依托“智慧消防”建设，加大与政府机关、社会应急联动单位消防基础数据共享，建立信息共享、互联互通和协同合作机制，提高消防监管能力，推动智慧城市建设。

平安是人民群众最大的需求，是极重要的民生，也是最基本的发展环境。要切实增强做好消防安全工作的政治自觉、思想自觉、行动自觉，以思想上的“零偏差”、行动上的“零懈怠”、责任上的“零缺位”，守住消防安全底线，消隐患于无形、灭危机于萌芽，以“时时放心不下”的责任感，为发展铺下通天路，为人民架起幸福桥，让祥和安宁的灯火照亮千家万户。消防安全涉及千家万户，事关人民群众生命财产安全。消防员的每次逆行，只为助民于危难、救民于水火。在认真听完党的二十大报告后，作为一名消防员，我最大的感想就是要按照党中央的要求，始终与人民同呼吸、共命运、心连心，有警必出、闻警即动，全力以赴续写好“人民至上、生命至上”这篇大文章。

党的二十大报告中对安全生产工作提出了新方向、新要求和新思路，维护消防安全形势稳定是践行“人民至上”理念的生动实践，作为一名消防员，守护好消防安全，让人民群众远离火灾危害是我们的职责和使命。我将立足自己的工作岗位，继续推动消防责任落实，为国家综合性消防救援力量体系不断完善贡献力量。同时，切实做好消防安全服务，增强人民群众的消防安全意识和逃生自救技能，让广大人民群众更好地享受优质、优良的消防安全服务。展望今后的工作，我将以党的二十大精神为指引，勤学苦练提高救援本领，掌握现代消防科技，在关键时刻不辱使命，用刻苦诠释初心，用实干践行使命，忠实履行一名消防员的职责。